高校创新创业教育
与人才培养路径研究

何健妮　著

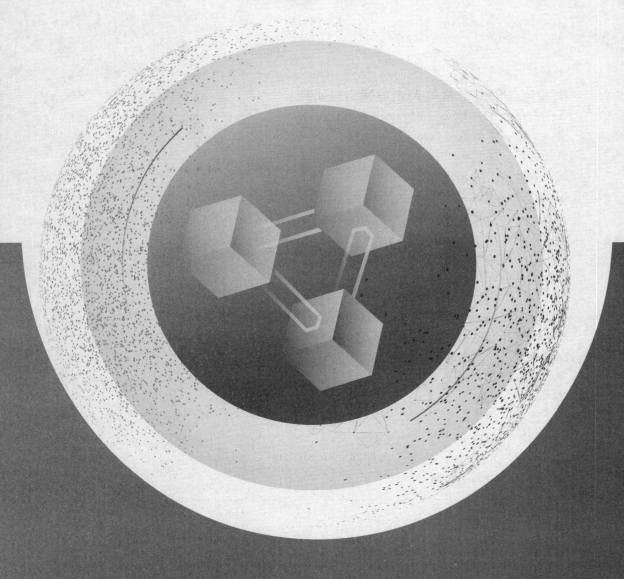

延吉·延边大学出版社

图书在版编目（CIP）数据

高校创新创业教育与人才培养路径研究 / 何健妮著.

延吉 ： 延边大学出版社，2025. 1. -- ISBN 978-7-230
-07925-9

Ⅰ. G640；G649.2

中国国家版本馆 CIP 数据核字第 2025CT7368 号

高校创新创业教育与人才培养路径研究

著　　者：何健妮

责任编辑：秦立忠

封面设计：文合文化

出版发行：延边大学出版社

社　　址：吉林省延吉市公园路 977 号

邮　　编：133002

网　　址：http://www.ydcbs.com

E-mail：ydcbs@ydcbs.com

电　　话：0451-51027069

传　　真：0433-2732434

发行电话：0433-2733056

印　　刷：三河市同力彩印有限公司

开　　本：787 mm×1092 mm　1/16

印　　张：8.25

字　　数：151 千字

版　　次：2025 年 1 月　第 1 版

印　　次：2025 年 1 月　第 1 次印刷

ISBN 978-7-230-07925-9

定　　价：68.00 元

前　　言

创新是引领发展的第一动力，是建设现代化经济体系的战略支撑。随着全球化和数字化的发展，创新创业已成为推动经济发展、提高国家竞争力的重要力量。在这个背景下，高校作为人才培养的重要基地，开展创新创业教育显得尤为重要。然而，如何有效地实施创新创业教育并培养优秀人才，是高校和教育工作者面临的重要挑战。基于此，本书着重探讨高校创新创业教育与人才培养路径，为推动创新创业教育的发展提供理论支持和实践指导。

创新创业教育作为一种教育理念，应贯穿于高校的专业教学和课外活动之中，以激发大学生的创业意识和创新思维为宗旨，让更多的大学生理解创业的含义并具备一定的创业能力。本书先从高校创新创业教育概述入手，阐述了高校创新创业教育的基本知识与理论基础；然后分析了高校创新创业教育的发展，分别从高校创新创业教育课程设计与教学方法、高校创新创业教育的实施策略与质量保障、高校创新创业教育的评价体系与评估方法几方面展开论述；最后对高校创新创业人才培养实践进行了深入探讨。

在写作过程中，笔者参考了部分相关文献、资料，获益良多，在此谨向其作者表示衷心的感谢。由于笔者水平有限，部分问题的研究还有待进一步深化和细化，书中难免存在不足之处，敬请广大读者批评指正。

本书由林溪负责审校工作。

目　录

第一章 高校创新创业教育概述

第一节 高校创新创业教育的基本知识

一、高校创新创业教育的定义、特点和影响因素

（一）高校创新创业教育的定义

高校创新创业教育是指通过设计和实施一系列创新创业教育项目，培养学生的创新创业思维和能力的一种教育形式。在这种教育形式下，高校通过创新的课程设置、实践活动和创业支持，激发学生的创新精神和创业意识，培养学生的创新创业实践能力。

高校创新创业教育的定义包含以下几个关键要素：

首先，它是一种教育形式，强调通过教育的方式和方法来培养学生的创新创业能力。

其次，它涵盖了创新和创业两个方面的内容，既注重培养学生在创新领域的能力，也注重培养学生在创业实践中的能力。

最后，它是一个系统化的教育过程，不仅包括与创新创业相关的课程设置，还包括实践活动、导师指导、创业孵化等环节。

值得注意的是，高校创新创业教育的定义是不断演变和发展的。随着社会对创新创业的需求不断提升，高校创新创业教育的定义也在与时俱进。当前，高校创新创业教育的定义正在向更加开放、包容和灵活的方向发展，注重发掘学生的创新潜能，促进学生的全面发展，提升学生的创新创业素质。

（二）高校创新创业教育的特点

高校创新创业教育作为一项重要的教育内容，在高等教育领域越来越受到重视。它具有的一些特点为培养学生的创新精神和创业意识提供了良好的支持。

第一，高校创新创业教育注重培养学生的实践能力和创新思维。传统的教育注重传授理论知识，而创新创业教育则更加注重学生动手实践。通过深入参与创新和创业实践，学生不仅可以掌握实际操作技能，还能够形成创新思维和提高解决问题的能力。

第二，高校创新创业教育强调跨学科融合和对学生综合能力的培养。创新创业通常需要学生综合运用各个学科的知识，而不仅仅是某一个学科的知识。因此，高校创新创业教育注重各个学科知识的融合，通过开设跨学科的课程和项目，培养学生的综合能力和跨学科思维。

第三，高校创新创业教育注重培养学生的创新创业精神。创新创业不仅仅是一种技能，更是一种精神和文化。高校创新创业教育通过创业课程的引导、创新创业文化的浸润，培养学生的创新精神和创业意识，鼓励学生勇于尝试、敢于创新，从而培养出更多的创业型人才。

第四，高校创新创业教育注重培养学生的团队合作和沟通能力。在创新和创业的过程中，团队合作和沟通能力是非常重要的。高校创新创业教育可通过项目团队合作、沟通训练等方式，培养学生的团队合作和沟通能力，使他们能够顺利地在团队中协作、交流，并共同实现团队目标。

（三）高校创新创业教育的影响因素

高校创新创业教育在实施过程中会受到多种因素的影响。这些影响因素可以分为内部因素和外部因素两个方面。

内部因素是指高校内部的教育资源、教学环境以及教师队伍的状况。首先，教育资源是高校创新创业教育的重要支撑。高校只有具备足够的实验室、创新中心等资源，才能为学生提供必要的实践机会。其次，教学环境对于创新创业教育的开展至关重要。一个鼓励创新、积极探索的教学环境有助于培养学生的创新精神和创业意识。最后，教师队伍的素质对于高校创新创业教育的质量影响较大。高水平的教师能够提供优质的教学和指导，更好地激发学生的创新创业热情。

外部因素是指社会环境、政策支持以及行业需求等。首先，社会环境的变化对高校创新创业教育产生了重要影响。如果社会对于创新创业有较高的认可度和需求性，高校创新创业教育就能更好地融入社会实践。其次，政策支持是推动高校创新创业教育发展的重要因素。政府对于创新创业教育的政策和资金支持能够为高校提供更好的资源和条件。最后，行业需求的变化也会对高校创新创业教育产生直接影响。如果某个行业对于创新人才的需求很大，高校就可以根据市场需求调整人才培养方向，使人才培养更好地满足社会需求。

二、高校创新创业教育的分类

（一）根据教育内容分类

根据高校创新创业教育内容的特点，可以对其进行进一步分类。这种分类有助于人们更好地了解高校创新创业教育的内涵和发展方向。

一种常见的分类方法是根据教育内容的结构和组织形式进行划分。根据这种分类标准，高校创新创业教育被分为两种不同的类型，即理论教育和实践教育。

理论教育是指高校在创新创业教育中侧重传授相关知识和理论的教育。这种教育注重培养学生的创新精神和创业意识。学校通过课堂讲授、学术研究等方式，为学生提供所需的知识基础和理论框架。理论教育的目的是让学生具备创新创业所需的理论知识和方法，为他们未来的创新创业实践打下坚实的基础。

实践教育强调学生在实践中学习和发展。高校创新创业教育将实践作为重要的教育手段，鼓励学生参与项目、实习、创业实践等，亲身体验创新创业的过程，锻炼学生的创新创业能力。实践教育的目的是培养学生的实践能力、团队协作能力和创业意识，使学生能够在实际操作中应对挑战并不断成长。

除按照教育内容的结构和组织形式来分类，还可以根据教育内容的领域和范畴进行分类。高校创新创业教育在内容上涉及的领域比较广泛，如科技创新、商业创新、社会创新等。根据这种分类标准，高校创新创业教育可分为不同的方向，这样能为学生提供更加个性化和有针对性的培养计划。

（二）根据教育方式分类

根据教育方式的不同，可以将高校创新创业教育分为以下几类：

一是实践导向型教育。这种教育注重培养学生的实践能力。高校通过开展实践项目、企业实习等，让学生亲身体验创新创业的过程，了解创新创业面对的挑战。实践导向型教育可以帮助学生深入了解创新创业的实际操作过程，并在实践中积累经验。

二是综合能力培养型教育。这种教育注重培养学生的多元综合能力，包括创新思维、团队合作、沟通表达等。高校可以开设跨学科课程，组织团队项目，以及开展创新创业竞赛等活动，学生在参与过程中培养综合能力，不断提升自己的创新创业素养。

三是交流互动型教育。这种教育鼓励学生与企业、创业者进行交流互动。学生通过参观企业、与企业家座谈、参加行业创新创业活动等，可以与实际创新创业者接触，了解他们的故事。交流互动型教育能够激发学生的创新创业热情，拓宽学生的视野，并让学生从他人的实践中汲取灵感。

四是理论与实践相结合型教育。这种教育强调理论知识与实践能力的有机结合，旨在培养学生的综合素质。高校可以开设创新创业课程、开展实践项目，让学生在理论与实践的交融中逐步掌握创新创业的核心要素。

（三）根据教育对象分类

根据教育对象的不同特点和需求对高校创新创业教育进行分类。这一分类方式旨在根据教育对象的不同属性和特征，有针对性地对其进行教育和培养，从而更好地促进其创新创业能力的发展。

首先，可以将高校创新创业教育的对象分为本科生和研究生两大类。针对本科生的创新创业教育，高校可以开设相关的课程和开展相关的实践活动，培养其创造力、团队合作能力和创业意识。本科生通过参与项目实践和创业比赛等，可以加深对创新创业过程的理解，提高实践能力。

其次，在高校创新创业教育中，可以针对研究生开展特殊的教育和培养活动。研究生作为青年精英群体，已经具备较高的学术能力和较丰富的实践经验。因此，在培养研究生的创新创业能力时，可以注重对其专业技能和创新思维的培养。通过导师团队的指导和科研项目的参与，研究生可以不断提升自身的创新创业水平，并在学术界或企业中发挥更大的作用。

最后，在高校创新创业教育中还需要注意对特殊群体的培养。例如，针对特殊学生群体，高校在创新创业教育中应提供有针对性的支持和培养方案。高校教师应该了解学生的文化背景、特殊需求和个人能力等情况，确定个性化的教育内容，为特殊群体提供更加个性化的创新创业培养计划。

（四）根据教育目标分类

根据教育的目标，可以将高校创新创业教育分为不同的类型。

第一，一种常见的高校创新创业教育目标是培养学生的创业意识和创业能力。在这种类型的教育中，学生将接受具体的创业培训和指导，了解创业的基本概念和步骤，学习如何制订商业计划和进行市场调研。学生在参与实践项目、分析实际案例中，逐渐形成创新创业的思维方式，提高实践能力。

第二，高校创新创业教育也可以以培养学生的创新能力为目标。创新能力不仅包括创造性思维，还涉及解决问题的能力以及适应变化的能力。这种类型的教育注重培养学生的创新能力。学生可通过参加各种创新实践活动和竞赛来激发创新潜能。

第三，一些高校的创新创业教育还注重培养学生的领导力和团队合作能力。这种类型的教育侧重将学生培养成为具有决策能力和组织能力的领导者，并且使其能够在团队合作中发挥协调和推动的作用。

第四，高校创新创业教育的一个重要目标是培养学生的创新创业素养和社会责任感。这种类型的教育注重让学生认识到创新创业不仅仅是为了寻求个人利益，还应该考虑到社会和环境的可持续发展。学生将在参与社会实践等活动中逐渐形成社会责任感。

三、高校创新创业教育的发展历程

（一）创新创业教育的起源

创新创业教育作为一种新兴的教育形式，其起源可以追溯到 20 世纪末。随着全球经济的快速发展和知识经济的兴起，社会对于创新创业能力的需求不断增加。为了培养具备创新创业能力的人才，各个国家纷纷开始探索创新创业教育。

在我国，创新创业教育的起源可以追溯到改革开放初期。当时，为了适应和推动经济体制改革，我国开始实施创新创业教育，培养具备创新思维和创业精神的人才。这一政策得到了高校的积极响应，为后来的创新创业教育发展奠定了基础。

随着时间的推移，创新创业教育不断发展和完善。从起初的针对少数学生的培养，逐渐发展为面向全体学生、全员育人的教育模式。这一转变的背后是社会对于创新创业需求的不断提高。

在发展过程中，我国的创新创业教育也遇到了一些问题和挑战。比如，一些高校仍然停留在知识传授的阶段，对于创新创业教育的深入实施还存在一定的困难；同时，与产业结合的程度不够，高校和企业之间的合作仍然存在一定的障碍。创新创业教育发展的关键是解决这些问题。

（二）创新创业教育的发展阶段

创新创业教育作为一种重要的教育形式，经历了多个发展阶段。创新创业教育在各个阶段的发展既受到教育理念变迁的影响，也受到社会经济环境变化的影响。

创新创业教育的初期阶段可以追溯到 20 世纪 70 年代。在这个阶段，创新和创业尚未成为社会发展的关键词。当时的高校对创新创业的重视程度相对较低，相关教育资源和政策也相对较少。创新创业教育的目标并不明确，学生的实践机会非常有限。

随着社会经济的快速发展和经济全球化的到来，高校创新创业教育进入了一个新的阶段。从 20 世纪 90 年代开始，高校逐渐认识到创新创业的重要性，开始在课程设置、教育政策和实践活动方面进行改革。这一阶段，创新创业观念得到普及，越来越多的高校开始将创新创业教育纳入课程体系，并提供更多的实践机会，以培养学生的创新能力和创业意识。

进入 21 世纪以后，高校创新创业教育迈入了全面发展的阶段。高校积极探索创新创业教育的新模式，加强与企业和社会的合作，为学生提供更多的创新实践机会。创新创业教育的理论研究也不断深入，相关政策的出台对创新创业教育的发展起到了推动作用。同时，国家和地方政府也加大了对高校创新创业教育的支持力度，为高校提供了更多的资源和机会。

第二节 高校创新创业教育的理论基础

一、教育学理论

教育学理论是高校创新创业教育的重要理论基础。在高校创新创业教育中，教育学理论起着指导和支撑的作用。

首先，教育学理论为高校创新创业教育提供了广泛的视角和理论框架。教师深入研究教育学的相关理论，了解教育在目标、内容、方法和评价等方面的原理和规律，从而更好地指导高校创新创业教育活动的设计和实施。

其次，教育学理论对高校创新创业教育的影响不容忽视。教育学理论不仅为教师提供了指导性的原则和方法，还激发了教师对高校创新创业教育的思考和探索。例如，教育学理论中的个体差异理论和学习理论对于教师了解学生个体差异和学习过程是非常重要的。借助这些理论，教师可以更好地了解高校学生的创新创业倾向、能力和需求，从而有针对性地设计和开展创新创业教育活动。

最后，教育学理论在高校创新创业教育的实践中发挥着重要作用。教育学理论的应用不仅能帮助教师规划和组织创新创业教育的各项活动，也有助于教师对创新创业教育的效果进行评价和反思。运用教育学理论对高校创新创业教育进行实证研究，可以更加准确地评估创新创业教育的效果，并为未来的教育实践提供改进的方向。

二、心理学理论

高校创新创业教育的实施离不开心理学理论的支撑和指导。心理学作为一门研究人类心理活动和行为规律的学科，对高校创新创业教育具有重要意义。在高校的创新创业教育中，高校教师充分运用心理学理论，可以更好地理解学生的内心活动，激发学生的积极性和创造性。

首先，心理学理论为高校创新创业教育提供了思考框架。通过心理学理论，教师可以了解创新创业教育对学生心理发展的影响，以及学生在创新创业过程中可能面临的心理困境和挑战。充分了解学生的心理发展规律和心理特征，有助于教师制定有针对性的教育策略，为学生提供个性化的创新创业教育方案。

其次，心理学理论为教师提供了丰富的教育方法和技巧。在高校创新创业教育中，教师不仅要关注学科知识的传授，还要注重培养学生的创新思维和创业能力。心理学理论为教师提供了许多教育方法和技巧，如激发学生的学习动机和学习兴趣、培养学生的自我管理能力、引导学生与别人合作等。教师利用这些心理学理论可以更好地促进学生创新创业能力的发展。

最后，心理学理论还为高校创新创业教育的评估和改进提供了指导。教育的最终目标是帮助学生全面发展。在创新创业教育中，教师需要通过评估学生的心理健康状况、创新创业能力来判断教育的有效性。心理学理论提供了一系列的评估工具和方法，可以对学生的心理状态和创新创业能力进行量化和分析，为高校创新创业教育的改进提供科学依据。

三、经济学理论

经济学理论是构建创新创业教育体系的重要基石。经济学理论为高校创新创业教育发展提供了坚实的学科基础。

首先，经济学理论中的创新理论为高校创新创业教育提供了指导。创新是推动社会进步和经济发展的重要驱动力，因此高校创新创业教育应当以培养学生的创新思维和创新能力为核心目标。从经济学角度来看，创新理论研究了技术创新、产品创新、商业模式创新等方面的内容，为高校创新创业教育提供了丰富的理论支持。

其次，经济学理论中的创业理论对高校创新创业教育的实践提供了指导。创业是推动社会经济增长和增加就业机会的重要途径，高校创新创业教育应当培养学生的创业意识、创业能力和创业精神。经济学中的创业理论研究了企业家精神、创业环境、创业机会等方面的内容，为高校创新创业教育的实践活动提供了理论依据和实践指导。

最后，经济学理论中的资源配置理论为高校创新创业教育提供了重要参考。在创新创业过程中需要合理配置各种资源，包括人力资源、资金资源、技术资源等。经济学中的资源配置理论研究了资源有效利用和优化配置的原则和方法，为高校创新创业教育提供了宝贵的经验。

四、社会学理论

在高校创新创业教育中，社会学理论发挥着重要作用，为高校创新创业教育提供了理论基础和分析框架。

第一，社会学理论强调社会环境对个体行为的影响，这也适用于高校创新创业教育。社会学家认为，个体的创新能力和创业意愿会受到社会环境的影响，包括家庭、学校和社会。在高校创新创业教育中，教师需要考虑如何创造积极的社会环境，激发学生的创新创业潜能。

第二，社会学理论关注社会结构和社会交往对个体行为的影响。高校创新创业教育也需要考虑学生之间的互动和交流。社会学家指出，社会网络对于信息传播、资源共享和协作创新具有重要意义。在高校创新创业教育中，教师可以通过培养学生的合作意识、搭建创新创业团队以及推动学生之间的交流和合作，来发挥社会网络的正面作用。

第三，社会学理论还强调社会文化对创新创业的塑造作用。社会学家认为，创新和创业是社会文化的产物。高校创新创业教育需要深入了解学生所处的社会文化环境，营造积极的创新创业文化氛围，培养学生的创新思维和创业精神。

第四，在高校创新创业教育的实践中，运用社会学理论进行指导是非常重要的。从社会学理论的角度出发，教师可以设计相应的教育模式和课程体系，以促进学生的创新创业能力和素养的全面发展。通过开展社会调查和研究，教师可以深入了解学生对创新创业教育的需求和期望，从而优化教育资源配置，为学生提供个性化的支持和指导。

第二章 高校创新创业教育的发展

第一节 高校创新创业教育的发展历史

近年来，国家陆续出台相关政策文件，大力发展我国创新创业教育。而《教育部关于大力推进高等学校创新创业教育和大学生自主创业工作的意见》（教办〔2010〕3 号）的颁布，使中国高校创新创业教育得到了进一步发展。高校创新创业教育在我国的发展主要经历了以下几个阶段：

一、自发探索阶段：1998 年 12 月至 2002 年 4 月

1998 年 12 月，教育部在《面向 21 世纪教育振兴行动计划》中指出，实施"高校高新技术产业化工程"，带动国家高新技术产业的发展，为培育经济新的增长点做贡献。这是我国政府对高校创新创业教育的第一次官方回应。高校要充分发挥自身的优势，积极推进知识和技术的创新，为各行各业的结构调整做好服务；加强产学研合作和技术转让，为建立高新技术产业化基地创造条件，并发挥科技开发"孵化器"的作用；加强对教师和学生的创业教育，鼓励他们自主创办高新技术企业。

1999 年，由共青团中央、中国科协、全国学联主办，清华大学承办的首届"挑战杯"中国大学生创业计划竞赛成功举办。之后，复旦大学、北京航空航天大学、武汉大学等高校也将创新创业教育引入教学中，并积极鼓励学生参与到创新创业的实践活动中。

2002 年 4 月，教育部确定了把清华大学在内的 9 所高校作为创新创业教育的试点院校，同时为其提供政策和资金的支持。另外，政府还鼓励试点院校使用不同的方式方法

对创新创业教育进行探索和实践。至此，我国高校创新创业教育作为一种新生事物开始进入大众视野，并且迎来了崭新的发展阶段。

二、多元发展阶段：2002 年 5 月至 2010 年 4 月

2003 年，第一批扩招生面临毕业，高校毕业生就业形势严峻。现有的就业岗位难以满足高校毕业生迅猛增长的就业需求，导致很多大学生面临着毕业即失业的困境。为了缓解高校毕业生的就业压力，指引一部分人将创业作为自己的职业生涯选择，共青团中央、全国青联与联合国国际劳工组织合作，于 2005 年 8 月起在中国大学中开展 KAB（Know About Business，了解企业）创业教育项目。KAB 创业教育项目是共青团中央通过国际合作来促进中国创业教育发展的一次尝试，目的是在吸收和借鉴国际经验的基础上，探索出具有中国特色的创业教育之路。

在 2002 年试点院校的基础上，2008 年教育部通过了"质量工程"项目，建立了 30 个创新创业教育类的实验区。这些试点院校和实验区的成功在全面推进全国高校创新创业教育及其实践中发挥了重要作用，为深入研究与发展创业实践教育奠定了基础。

总体而言，这一阶段高校的创新创业教育形成了"试点推进、项目引进与政策支持"相结合的工作模式。政府在政策和资金等方面给予扶持，高校也越来越重视大学生创新创业教育，积极搭建创新创业平台。同时，各方依托区域优势，促进高校创新创业教育的发展，从区域人才需求出发，培养创新创业人才，实现了高校、政府和企业的多方共赢。

三、全面发展阶段：2010 年 5 月至今

自 2010 年 5 月《关于实施大学生创业引领计划的通知》（人社部发〔2010〕31 号）和《教育部关于大力推进高等学校创新创业教育和大学生自主创业工作的意见》（教办〔2010〕3 号）发布以来，国家陆续出台了一系列鼓励大学生创新创业的政策。2011 年，高校实施了毕业生创业持证制度，持证毕业生创业享有税收优惠。

2012 年，教育部发布了《普通本科学校创业教育教学基本要求（试行）》（教高厅〔2012〕4 号）。与此同时，大学科技园、创业园及创业基地等如雨后春笋般涌现。各

种教育平台通过线上和线下、校内教师和校外专家、课堂和实训相结合的模式，为大学生创业提供帮助。此外，高校还通过校友资源来为大学生提供创新创业服务，帮助大学生完成初期项目孵化。

2015 年，针对创新创业教育，国家推出了重要举措，并明确指出创新创业教育要面向全体学生，结合专业教育，融入人才培养的全过程。同年，《中国制造 2025》（国发〔2015〕28 号）和《国务院办公厅关于深化高等学校创新创业教育改革的实施意见》（国办发〔2015〕36 号）颁布。

2017 年，《国务院关于做好当前和今后一段时期就业创业工作的意见》（国发〔2017〕28 号）颁布。随着科技的快速发展，创新创业的环境发生了翻天覆地的变化，但挑战与机遇并存。

2018 年，《国务院关于推动创新创业高质量发展打造"双创"升级版的意见》（国发〔2018〕32 号）颁布。意见指出，要深入实施创新驱动发展战略，通过打造"双创"升级版，进一步优化创新创业环境，大幅降低创新创业成本，提升创业带动就业能力，增强科技创新引领作用，提升支撑平台服务能力，推动形成线上线下结合、产学研用协同、大中小企业融合的创新创业格局，为加快培育发展新动能、实现更充分就业和经济高质量发展提供坚实保障。

2019 年，《教育部关于印发〈国家级大学生创新创业训练计划管理办法〉的通知》（教高函〔2019〕13 号）发布。通知指出，为贯彻落实全国教育大会和新时代全国高等学校本科教育工作会议精神，依据《国务院办公厅关于深化高等学校创新创业教育改革的实施意见》（国办发〔2015〕36 号）要求，深入推进国家级大学生创新创业训练计划工作，深化高校创新创业教育改革，提高大学生创新创业能力，培养造就创新创业生力军，并加强国家级大学生创新创业训练计划的实施管理，特制定《国家级大学生创新创业训练计划管理办法》。

2020 年，《国务院办公厅关于提升大众创业万众创新示范基地带动作用进一步促改革稳就业强动能的实施意见》（国办发〔2020〕26 号）颁布。意见指出，以习近平新时代中国特色社会主义思想为指导，全面贯彻党的十九大和十九届二中、三中、四中全会精神，认真落实党中央、国务院关于统筹推进新冠肺炎疫情防控和经济社会发展工作的决策部署，深入实施创新驱动发展战略，聚焦系统集成协同高效的改革创新，聚焦更充分更高质量就业，聚焦持续增强经济发展新动能，强化政策协同，增强发展后劲，以新动能支撑保就业保市场主体，尤其是支持高校毕业生、返乡农民工等重点群体创业就业，努力把双创示范基地打造成为创业就业的重要载体、融通创新的引领标杆、精益创业的集聚平台、全球化创业的重要节点、全面创新改革的示范样本，推动我国创新创业高质量发展。

2021 年，《教育部办公厅关于推荐全国普通高校毕业生就业创业指导委员会委员的通知》（教学厅函〔2021〕2 号）发布。通知指出，为深入贯彻党的十九届五中全会精神，落实党中央、国务院关于促进高校毕业就业创业的决策部署，建立健全高校毕业生就业创业支持体系，促进高校毕业生更加充分更高质量就业，教育部决定成立全国普通高校毕业生就业创业指导委员会。

总体而言，这一阶段高校的创新创业教育更全面、更科学，高校更重视对创业文化和创业精神的培养。创新创业教育改革成为这一阶段的主基调，以竞赛为核心的创业实践重归大众视野。在新形势下，产学研创新创业合作不断深化，创业实践项目也开始进入市场。许多地方政府也通过各种渠道和方法，为大学生创新创业教育添砖加瓦。首先，制定各种优惠政策，如减免租金和税收等，促进大学生创新创业；其次，协调企业和高校间的关系，提高大学生创新创业教育的效率，如通过给企业补贴以鼓励企业接收大学生实习等；最后，构建创业园区，对一些好的创业项目进行"孵化"。这表明我国创新创业教育的发展已经进入了黄金阶段，各高校要好好把握这个难得的机会。

第二节 高校创新创业教育存在的问题

一、大学生缺乏创新创业内驱力

尽管当前高校创新创业教育的开展不断深化，但大学生的创新创业意识依然较弱，创新创业的主动性不强。在毕业后的去向选择中，大部分大学生倾向于找工作或继续深造，仅有极少部分大学生愿意创业。在创业兴趣方面，大学生参与创新创业活动的次数整体偏少，而且他们参与活动主要是为了得到学分和评优，属于功利性的参与过程，真正拥有创新创业内驱力的大学生较少；没有参加过创新创业活动的大学生人数占三分之一以上，这些大学生表示之所以不参加创新创业活动，是因为他们认为校内的创新创业活动没有什么吸引力。因此，创新创业教育行为的增加需要以强化学生的创新创业意识为基础，如果学生对创业活动未具有强烈的主观意愿和浓厚的兴趣，那么必然会影响创新创业教育的发展。

二、高校创新创业教育实践课程与教学效果不理想

创新创业教育课程体系的建设在整个创新创业教育过程中具有举足轻重的作用，直接影响教学的质量。当前很多高校开展的创新创业教育课程，在课程结构、课程形式、课程内容等方面均未能达到全面提高大学生创新创业能力和创造精神的目标。尽管目前一些高校已经开设了创新创业教育课程，但是教学内容单一，课程结构不能适应大学生的需求。目前，高校大力提倡教师开发创新创业教育类课程，鼓励教师积极改革教学形式，但在相关课程的教学中，课程理论讲解的形式依旧占据主流，高校还需要进一步引导教师采用理论与实践相结合的教学方式。创新创业教育和传统的素质教育、专业教育完全不同，应从相关实践课程方面来激发大学生的创新精神和创业意识。在创新创业课程教学效果方面，有近半数大学生认为其在接受相应的课程教育后，创新创业能力提升效果一般，更有少部分大学生觉得创新创业能力没有得到提升，这表明高校在创新创业教育教学效果方面还不尽如人意，基于课程教学而提升大学生能力的效果有待加强。

三、高校创新创业教育与专业教育脱节

当前，高校在开展创新创业教育时，并没有将其与专业教育、职业发展很好地融合在一起，而是在一个相对独立的系统中进行知识技能的传授。创新创业教育主要是指在课堂上教授创业素质、创业技能等相关的理论知识，并在此基础上开设实践课程。从总体上来看，创新创业教育与专业教育处于分离状态。以高校开设的创新创业基础实践班为例，大多数高校主要针对大学二年级及以上年级的学生开设此课程，并且允许学生跨专业、跨学院交叉组队。但在该课程结课后，仅仅要求各个实践班将汇报时间报创新创业学院备案审批，每名学生提交一份《个人成长总结》，每个项目组提交一份《项目实践总结》；实践班总指导员提交一份《创新创业实践报告》，并提交学生成绩和项目组

考核成绩，没有后续能力考核和评估环节。虽然高校每年都会举办一些创新创业教育实践活动，但是从总体来看，学生的参与度并不高，且参与者大部分都是理工科专业的学生。在实施创新创业教育的过程中，与专业理论知识和基础技能相关的实训课程大多被安排在期末，这与其他考试科目的时间冲突，因此，实训课程很难真正落实并取得实效，也很难与专业教育相结合、相适应。除此之外，考虑到教学的灵活性，创新创业基础实践班一般都允许跨专业、跨学院交叉组队，理论上虽然有利于发挥学生各自的专业优势，但最终在实践项目考核时，很少见到与学生所学专业相关联的内容。另外，当学生毕业后，大部分学生都会优先选择与自己专业相关的工作，或者根据自身的特长来开创自己的事业，而与专业教育脱离的创新创业教育课程显然对他们的帮助不大，这导致创新创业教育课程仅仅停留在通识课程阶段，与培育具有创新精神的大学生的目标相差甚远。从以上存在的问题可以看出，高校在一定程度上并没有把创新创业教育的理念与专业教育的理念更好地融会贯通起来，与专业教育课程脱离的创新创业教育课程既不能激发大学生的积极性，又会给大学生带来学业上的压力。

四、高校创新创业课程的师资队伍有待加强

高校创新创业教育有别于高校传统课程教学，它对教师的要求也有别于其他学科对教师的要求。当前，校内专业课教师的占比最大，具有成功创业经验的校外创业成功人士或企业家人数相对较少。师资队伍是影响创新创业教育效果的重要因素，但无论是在数量还是在结构上，当前师资队伍的情况都无法适应发展的需要，已形成瓶颈。当前创新创业师资队伍存在的主要问题：一是专职创新创业教育的师资队伍在人数、教学实践经验等方面均处于劣势，很难满足学生在创新创业教育活动时的指导需要；二是目前兼职教师和"双师型"教师人数很少，且大多数校内教师主要通过理论授课的方式开展教学，能教授实践性课程的教师较少，这是制约高校创新创业教育高质量发展的重要因素。随着我国高等教育进入普及化阶段，各级各类高校的招生规模不断扩大，大学生数量与日俱增，教师的教学工作也越来越繁重。由于教学时间和精力的限制，许多教师缺少主动研究和改革教学方式的动力和积极性。从事创新创业教育的专职教师还要参与组织和协调各类创新创业教育活动，因此他们参与实践培训的次数和时间更加有限。高校虽然十分注重"双师型"师资队伍的建设，但是教师自身的教学水平和整体水平参差不齐，

既有专业理论素养又有实践经验的教师稀缺。多数教师在授课时注重的是专业知识的传递，而忽视了对大学生创新意识和能力的引导与训练，使得专业教学的过程具有较强的理论性，实践性和创新性不高，大学生围绕自己的专业开展创业的概率很小。

五、政府及社会创新创业教育支持体系欠缺

随着国家对创新创业教育的大力推进，各个高校虽然积极开展创新创业教育活动，但取得的成果并不理想。问题主要集中在创新创业资源及资金渠道方面，多数大学生认为当前创业缺少来自高校、政府及社会企业的进一步支持。部分高校更关注创新创业教育教学的表面形式，缺乏对教育环境的用心营造。此外，高校开展创新创业教育的保障条件也不到位，难以实现可持续发展。特别是开展活动的资金匮乏，已成为创新创业教育支持体系不健全的一个主要表现。在创业初期，绝大多数大学生希望能得到政府及一些金融投资部门的资金支持，然而大多数创业基金伴随着较为烦琐的审批程序，使得大学生在还未开始创业时就打退堂鼓了。另外，社会上的投资机构对高校创新创业教育的投入资金也相对较少。

第三节 高校创新创业教育问题成因

一、大学生创新创业意识不强

深入分析高校创新创业教育存在问题的成因，首要因素是大学生的创新创业意识不强。一方面，许多大学生把创新创业教育看作是一种传统的通识教育，或者说是就业辅导教育，并没有意识到其对自己未来发展的现实意义，进而在参与的主动性、积极性和能动性上大打折扣。许多大学生认为目前的创业前景"十分艰难"，这表明部分大学生创业观念淡薄，缺乏开展创业的信心，对创业前景有畏惧心理，这也是大学生参与创新

创业教育活动的参与度不高、内驱力不足的主要原因。另一方面，学生的家庭环境也是影响其创新创业意识的一个重要因素。目前，大学生就业形势趋紧，创业相对来说面临的风险较多，许多高校毕业生的家长都希望子女在毕业后能够拥有一份稳定的工作，大多不支持、不鼓励子女创业。家庭环境的影响和家长的反对态度，无法给予大学生心理层面或物质层面上的支持，导致大学生慢慢打消了创新创业的想法，进而造成高校开展创新创业教育的效果也不理想。

二、高校创新创业教育体系不完善

从课程层面来看，一些政策的出台极大地推动了高校创新创业教育教学活动的实施。但是，当前创新创业教育并没有实质性地被纳入高校的人才培养体系，缺乏明确的学科属性，导致高校的创新创业课程体系极不完善、校际差距较大，普遍存在教材建设不完善、实践课程少、与专业教育融合度较低等问题。

从教师层面来看，高校对创新创业教育师资队伍建设的整体重视程度不够，师资队伍结构不合理，不能够满足教学需要。首先，教育行政部门和高校更倾向于在大学生校外实践教育基地建设等硬件条件上进行投资，对师资队伍建设不够重视，缺乏针对创新创业教育教师的专门培养与激励机制，使得教师归属感缺失、教学动力不足。其次，高校缺乏对创新创业教育人才培养的系统规划，几乎没有设立专门的职能部门来监管相关教师的教育教学质量，更没有为创新创业师资队伍提供长期的培训计划和专业发展通道。现有的针对高校创新创业教育教师的特训课程培训班多为教师自愿报名，高校缺乏系统的组织，以及有效的激励机制。同时，相关培训课程也缺乏考核测试环节，导致教师参与积极性不高，师资队伍缺少专业发展的内在动力，部分教师的教学态度松懈，缺乏教学创新改革的主动性。最后，高校创新创业教育师资队伍结构不合理，专职教师配备不足，兼职教师也十分有限，尤其是既具有理论专长又具有实践经历的"双师型"教师较为匮乏。同时，还存在着人才引进资金较为紧张、高校对创新创业教育专兼职师资队伍建设考虑较少等问题。

从实践平台层面来看，高校与社会相关实体部门的合作较少，亟须搭建创新创业教育资源共享实践平台。受资源与资金等多重因素制约，高校的实践平台多以校内实习实训基地模拟项目为主，真正能够"走出去"开展创业实践的项目较少。主要原因存在于政府、企业和高校三个层面：在政府层面，政府支持企业参与高校创新创业教育实践的政策不足，现有的引导性政策难以调动企业积极性且执行力不够；在企业层面，企业与高校合作会增加企业负担，影响企业的正常生产经营，存在安全隐患和企业技术保密等问题；在高校层面，高校存在学生规模越来越大、创新创业活动经费不足、与企业合作缺少行政纽带等因素。

三、政府及社会的外部支持力度不足

高校创新创业教育是一项由政府、社会和高校协同参与的系统工程，除大学生个人因素和高校内部因素外，政府及社会的外部支持因素也影响着创新创业教育的成效。首先，政府对高校创新创业教育的顶层设计和制度供给还有待进一步加强，部分政策落实仍具有迟滞性。例如，为大学生提供创业资金支持的数量有限，审批过程较为烦琐，影响创新创业活动的顺利进行。其次，在社会方面，创新创业教育的文化和影响还没有被大众所接受。受社会认识的制约，企业对创新创业教育的参与程度较低。尽管从理论上看，企业可以为大学生提供创新创业教育实践，高校开展的创新创业教育离不开企业的大力支持；与此同时，相关企业也可以汲取大学生创新创业教育的实践成果，并将它们转化为促进自身发展的技术来源，二者之间可以相辅相成、互惠互利。但是从实际情况来看，企业对高校创新创业教育缺乏主动性，实际的支持也微乎其微，这也是制约高校创新创业教育发展的重要因素。

第三章 高校创新创业教育课程设计与教学方法

第一节 高校创新创业教育课程的内容

一、创新创业项目策划

（一）项目策划的内容

项目策划是指通过制定明确的目标和计划，将创新创业的想法转化为具体可行的项目。在项目策划的过程中，需要运用一系列的理论和方法来指导和支持相关工作。

首先，项目策划需要依据市场需求和背景进行深入的分析和研究。只有充分了解市场需求和市场的变化趋势，才能够确定合适的创新创业项目。利用市场研究和竞争分析等方法，人们可以了解到现阶段的市场环境和竞争对手的情况，为项目策划提供科学的依据。

其次，项目策划涉及资源的整合和分配。在项目策划中，人们需要考虑人力资源、资金资源、技术资源等各方面的因素。通过合理规划和有效配置不同的资源，人们可以提高项目的执行力和可行性。例如，在人力资源方面，可以建立合适的团队，吸引具备所需技能和经验的成员加入。同时，通过资金资源的合理运用和技术资源的引入，人们可以提高项目的管理效率和竞争力。

最后，项目策划还需要关注项目的可持续性和风险管理。在创新创业项目中，尽管风险是无法完全避免的，但可以通过有效的管理来降低风险的发生概率或减少风险所产生的影响。在项目策划的过程中，需要对项目进行全面的风险评估，并制定相应的风险管理方案。这包括确定适当的应对策略、建立合理的风险防控机制，以及制定灵活的调整方案，以应对市场变化和意外情况。

（二）项目策划中的问题与对策

在创新创业项目的策划过程中，人们常常会遇到一些问题，这些问题可能会对项目的顺利推进产生一定的影响。下面将分析项目策划中可能出现的问题，并提出相应的对策，以帮助项目团队克服困难，实现项目目标：

第一，项目策划中经常遇到的一个问题是资源不足。由于创新创业项目的资源往往有限，项目团队可能面临缺乏资金、设备、人力等问题。为了解决这一问题，项目团队可以积极、主动地寻找外部合作伙伴或资源，在项目策划之初就建立起广泛的合作网络，争取到更多的资源支持。同时，项目团队还应该注重自身的资源整合和优化利用，将有限的资源合理分配，确保项目的顺利进行。

第二，项目策划中还可能面临市场需求不确定的问题。创新创业项目面临的市场环境变化快速，市场需求的不确定性也较高。为了应对这一问题，项目团队需要进行市场调研，深入了解目标市场的需求，从而调整项目策划和定位。此外，项目团队还可以寻求市场专家或顾问的意见，将市场反馈纳入项目策划的决策过程中，以提高项目的市场适应性和竞争力。

第三，项目策划中可能面临的一大挑战是团队协作与管理问题。一个创新创业项目团队通常由多个成员组成，而不同成员之间能否较好合作与协调对项目是否能取得成功具有重要影响。为了有效处理团队协作与管理问题，项目团队可以建立明确的沟通渠道和工作流程，明确每个成员的职责，加强团队成员之间的沟通和协作。此外，团队管理者应注重团队氛围的营造和团队激励机制的建立，激发团队成员的创新潜能和合作意识，促进项目的顺利进行。

第四，项目策划中还可能面临风险管理方面的问题。创新创业项目面临的风险存在着不确定性和多样性，如技术风险、市场风险和政策风险等。为了有效应对这些风险，项目团队可以采取多种风险控制措施，如制订风险管理计划、建立监测和预警机制、加强合同管理和法律风险防范意识等。此外，项目团队还应灵活应对风险，及时调整项目策略和计划，降低风险对项目的影响。

二、创新创业资源的获取与利用

（一）创新创业资源的分类与特点

创新创业资源是指人们在创新创业过程中所需的各种资源。通常，创新创业资源可分为资金资源、人力资源、技术资源、市场资源等。

第一，资金资源是创新创业过程中关键的资源之一。这里的资金资源特指创新创业者用于项目启动、运营和扩张的资金。资金资源的特点在于其稀缺性和关键性。创新创业者既可以通过投资者、银行贷款、风险投资等渠道来获取资金，还可以通过创业竞赛、创投平台等途径来获取资金。

第二，人力资源是创新创业过程中不可或缺的资源。人力资源的特点在于其主观能动性和创造性。创新创业者需要组建一个高效的团队来共同努力实现创业目标。这个团队需要具备丰富的行业经验、专业知识，以及较强的创新能力。

第三，技术资源是创新创业过程中的重要资源之一。技术资源的特点在于其专业性和创新性。创新创业者需要借助先进的技术来提升产品或服务的竞争力。

第四，市场资源是创新创业过程中不可忽视的资源。市场资源的特点在于其多元性和变动性。创新创业者需要准确定位目标市场，了解市场需求和竞争情况，采取有效的市场营销策略来推广和销售产品或服务。

（二）创新创业资源的获取途径

在创新创业过程中，资源的获取是一个至关重要的环节。下面将重点探讨创新创业资源的获取途径：

第一，创新创业者可以通过与企业建立合作关系来获取资源。企业可以为创新创业者提供专业的技术和丰富的经验。例如，与当地的科技企业或创业孵化器合作，创新创业者可以获取大量的创业基金和办公场地等必要资源。通过与企业合作，创新创业者可以将科技成果转化为实际的商业价值。

第二，创新创业者还可以通过参加创业竞赛和创业训练营等来获取资源。创业竞赛不仅可以给创新创业者提供展示自己项目的机会，还能使创新创业者借助专业导师的指导和评委的评选，获得宝贵的创业经验和资源。创业训练营能为创新创业者提供实地考察和分享交流的机会，帮助创新创业者进一步拓宽资源获取渠道。

第三，创新创业者可以积极寻求政府和科研机构的支持与资助。政府通常会推出各种与创新创业相关的政策，创新创业者可以充分利用这些政策来获取必要的资源。同时，创新创业者也可以与科研机构合作，科研机构也能够为创新创业者提供更多的技术支持。

第四，创新创业者还可以通过与投资机构建立合作关系来获取资源。投资机构通常拥有丰富的资金，能够为创业者提供资金支持和商业指导。通过与投资机构合作，创新创业者可以获得更多的机会与资金，为项目的发展提供强有力的支撑。

综上所述，创新创业资源的获取途径是多样的。创新创业者可以通过与企业合作、参加创业竞赛和创业训练营、寻求政府和科研机构的支持、与投资机构建立合作关系等来获取资源。在资源获取的过程中，创新创业者需要灵活运用各种途径，以此来获取适合自己项目发展的资源，为创业之路打下坚实的基础。

（三）创新创业资源获取难题及解决策略

在获取创新创业资源的过程中，创新创业者会面临着各种各样的难题，这些难题都需要创新创业者寻找解决策略。下面将探讨创新创业者在获取创新创业资源的过程中所面临的难题，以及相应的解决策略：

首先，创新创业者面临的一个难题是资源的有限性。由于高校资源有限，创新创业者往往需要争夺有限的资源，如资金、设备、场地等。

为了解决这个问题，可以采取如下措施：

一是高校可以引入外部资源。高校可以积极与企业、政府、科研机构、投资机构等建立合作关系，共享资源，共同开展创新创业项目。

二是高校可以通过开展竞赛、申请科研项目等来获取资源，满足创新创业者的需求。

其次，创新创业者还面临着技术转化的难题。许多创业项目需要将科研成果转化为实际应用，但在转化过程中创新创业者常常会遇到技术难题。

为了解决这个问题，可以采取一些措施：

第一，高校可以加强对创新创业者技术转化的培训和指导，提高创新创业者的技术转化能力。

第二，高校可以建立创新创业的孵化基地，为创新创业项目提供技术转化的支持，如提供专业的技术咨询、实验场地等。

第三，高校还可以与企业合作，共同推动技术的转化和应用。

最后一个难题是市场开发的难题。创新创业项目需要市场的认可和支持，但市场开发常常是一项具有挑战性的任务。

为了解决这个问题，创新创业者需要采取一些市场开发策略：

第一，高校可以与企业、行业协会等建立紧密联系。企业、行业协会等能帮助创新创业者了解市场需求，使其及时调整创业项目的定位和方向。

第二，高校可以加强对创新创业者市场营销能力的培训，提升创新创业团队的市场开发能力。

第三，高校可以积极参与创新创业团队举办的交流活动，帮助创新创业团队与潜在客户建立关系，为其寻求市场。

三、创新创业团队管理和风险管理

（一）创新创业团队的组建与管理

在创新创业过程中，创新创业团队的组建与管理是至关重要的。创新创业团队的组建需要遵循一定的原则：

首先，团队的组建要基于成员的互补性和协作性。团队成员应具备不同的专业背景和技能，以便能够共同解决问题和实现创新。例如，一个创新创业团队可以包括技术开发人员、市场营销人员和财务人员，他们的专业知识和技能的互补将有助于团队的创新和发展。

其次，团队的组建要基于成员的共同目标和价值观。团队成员应有共同的理念和目标，以便能够凝聚力量。这种凝聚力有助于团队的协调和团结，也有助于团队在创新创业过程中有效应对挑战和压力。

在创新创业团队的管理方面，应注重以下几点：

第一，团队的沟通和协作应得到高度重视。有效的沟通和协作可以帮助团队成员更好地理解彼此，避免误解和冲突。团队应建立良好的沟通渠道和机制，鼓励成员之间多交流、多互动。

第二，团队的目标和任务分配应明确和具体。团队里的每个成员都应明确自己的职责，并且有清晰的目标和指标来评估自己的工作成果。这将有助于团队成员合理分配工作，提高团队的工作效率。

第三，团队的鼓励和激励也是管理的重要方面。团队应建立公平、公正的激励机制，鼓励团队成员积极投入工作。同时，也要及时给予反馈，帮助团队成员不断改进和提升自己。

（二）创新创业风险的识别与评估

在创新创业过程中，风险是不可避免的。为了提升创新创业项目的成功率，创新创业团队应当重视对风险的识别与评估。下面介绍一些常见的风险评估方法和策略：

第一，团队成员应该具备风险识别的能力。团队成员应当充分了解自己所从事的行业和项目领域，及时掌握新的市场动态和技术变化。通过与相关专家和同行的交流与合作，团队成员可以更好地了解潜在的风险因素，并制定相应的应对措施。

第二，风险的评估是非常重要的一步。团队应当建立一套科学有效的评估方法。可以借鉴现有的评估模型和工具，如 SWOT（S 是 Strengths，即优势；W 是 Weaknesses，即劣势；O 是 Opportunities，即机会；T 是 Threats，即威胁）分析、风险矩阵等。通过对项目进行全面、系统的评估，团队成员可以发现项目中存在的各种风险因素，并量化它们的影响程度。这样有助于团队更好地掌握项目的风险状况，为后续的防控策略提供依据。

第三，在识别和评估风险的过程中，团队成员应当注意不要陷入过度悲观或乐观的情绪中。风险本身是无法完全避免的，但可以通过科学、合理的管理措施降低风险带来的不利影响。因此，在评估风险的同时，团队必须考虑到自身的实力、资源和策略等方面的因素，制定相应的应对措施。

第四，团队在识别和评估风险的过程中，应该保持信息的及时性和准确性。随着市场和技术的快速变化，风险也在不断变化。团队成员应当密切关注市场动态，与合作伙伴和顾客进行良好的沟通与合作，及时获取有关方面的信息和反馈。只有掌握了最新的信息，团队才能更好地识别风险，制定相应的应对策略，避免因为信息的不准确而造成风险误判。

（三）创新创业风险的防控策略

为了确保创业项目的成功，创新创业团队需要采取有效的风险防控策略。以下是一些可行的措施：

1.加强市场调研和需求分析

在创新创业过程中，对市场进行详细的调研和需求分析至关重要。了解目标市场的需求、竞争对手的情况以及潜在风险，可以帮助创新创业团队制定合理的策略，并在风险出现之前做好准备。

2.建立完善的内部管理机制

创新创业团队需要建立一个有效的内部管理机制，来确保团队成员的协同工作和信息流畅。这个机制应该包括团队会议、工作要求和任务分配等，它们共同保障项目的顺利进行。

3.多方面的资源整合

在创新创业过程中，资源的整合是解决风险的关键。创新创业者可以与其他创新创业团队、企业、投资机构等建立合作关系，共同分享资源和风险。通过多方合作，创新创业团队可以降低对单一资源的依赖性，提高项目的成功率。

4.建立灵活的创业团队架构

一个灵活的创新创业团队架构，可以帮助该团队根据项目的需要快速调整团队成员的角色和职责，以此来应对不同的挑战和风险。

5.积极应对变化和不确定性

在创新创业的过程中，外部环境的变化和不确定性是常态。创新创业团队应该具备快速应对外部变化和不确定性的能力。这包括及时调整创业策略、确保项目的灵活性、积极寻求反馈和学习等。

总之，创新创业团队在面临风险时，应该采取科学、有效的防控策略。加强市场调研、建立内部管理机制、多方整合资源、灵活调整团队架构以及积极应对变化和不确定性，这些都是处理创新创业风险的重要手段。只有在有效的防控策略的支持下，创新创业项目才能取得成功。

第二节 高校创新创业教育课程的设计原则

一、高校创新创业教育课程设计的方向性原则

（一）方向性原则的定义与意义

方向性原则是指在高校创新创业教育课程设计中确立明确的教育目标和培养方向。它是课程设计的基石，为整个教育体系的发展提供了明确的指导。方向性原则的制定需要结合人才培养目标，根据社会需求和高校特色，明确培养目标的方向和重点。

方向性原则的定义和落实具有重要的意义。首先，方向性原则可以引导课程设计者更加准确地定位课程的目标。通过贯彻方向性原则，课程设计者可以清楚地了解所培养的学生应具备的核心素养和能力，从而有针对性地进行课程设计和教学组织。其次，方向性原则还可以帮助学生更好地认识自己的发展方向，明确自己的学习目标。学生可以通过课程设计中明确的教育目标和培养方向，了解课程的整体思路，从而在学习过程中更好地规划自己的学习计划和发展方向。

在高校创新创业教育中，方向性原则的应用不仅涉及学生个体的发展方向，还涉及整个教育体系的发展方向。为了有效贯彻方向性原则，课程设计者可以参考其他高校和教育机构的成功经验，通过文献研究、案例分析以及与相关领域的专家学者对话等方式，获得关于方向性原则具体实践的启示和指导。同时，课程设计者也要加强与学生的交流，了解他们的需求和想法，根据学生的反馈进行相应的调整和改进。

（二）应用方向性原则时需要考虑的因素

在高校创新创业教育的课程设计中，方向性原则具有重要作用。方向性原则在应用过程中需要考虑多方面因素，即校园创新环境、学生需求、社会需求和行业发展趋势。

首先，在确定高校创新创业教育的发展方向时，需要考虑校园创新环境的特点。每所高校都有其独特的创新氛围和资源，如科研实验室、创业孵化基地等。课程设计者应利用这些资源，激发学生的创新创业意识和培养学生的实践能力。课程与校内创新资源紧密结合，能够更好地反映高校的特色和优势。

其次，了解学生需求是应用方向性原则时需要考虑的另一个重要方面。高校学生群体具有多样性和多元化的特点，他们对创新创业教育的需求和兴趣也不尽相同。因此，课程设计者在设计课程时要充分考虑学生的背景、兴趣和实际需求，确保课程的内容和方式能够真正满足学生的学习需要。同时，为了更好地了解学生的需求，课程设计者可以通过问卷调查、访谈等方式来收集学生的反馈意见，并据此进行课程的优化。

最后，方向性原则的应用还需要考虑社会需求和行业发展趋势。随着社会经济的不断发展和新兴产业的崛起，社会对创新创业人才的需求日益迫切。因此，高校创新创业教育的课程内容应与社会需求和行业发展趋势保持紧密联系。高校可以通过与企业合作、邀请专业人士举办讲座等方式，了解当前社会对创新创业人才的需求，并以此为依据设计课程目标和内容。

（三）方向性原则的具体实践

为了在高校创新创业教育中更好地应用方向性原则，人们需要进行具体的实践。以下是一些有效的方法和策略：

1.确定教育目标和了解学生需求

在进行课程设计时，课程设计者应该明确教育目标并根据学生的需求来制定相应的培养方案。可以通过调研和问卷调查等方式，了解学生对创新创业教育的期望和需求，并以此为基础来设计课程内容和教学方法。

2.引入真实案例和实践活动

为了提高学生的实践能力，拓展创新思维，课程设计者可以引入真实的创新创业案例和实践活动。学生通过参与创新创业的实践活动，可以亲身体验创新创业的过程，并尝试应对在实际操作中遇到的挑战，把握创新创业的机遇。

3.鼓励跨学科合作和团队合作

创新创业往往需要创新创业者具备多学科的知识和团队合作的能力。课程设计者可以设计一些跨学科的项目和任务，鼓励学生进行团队合作。利用分组讨论、合作编写创业计划书等方式，培养学生的团队协作能力和创新思维。

4.提供创新创业资源和支持

为了让学生更好地接受创新创业教育，高校应提供丰富的创新创业资源和更多的支持。这包括创业导师的指导、创新创业平台的建设、创业项目的资金支持等。高校可以为学生提供一系列的创新创业服务和支持，帮助他们将创新创业的理论知识应用到实践中。

二、高校创新创业教育课程设计的协同性原则

（一）协同性原则的定义与意义

在高校创新创业教育课程设计中，协同性原则被视为一项重要的原则，其作用是促进不同课程之间的紧密配合与协调发展。

协同性原则强调的是各个创新创业教育课程之间相互衔接、相互支持的关系。这种关系能够使学生在不同课程中获得有机的知识和技能结构，进而提升其创新能力和创业意识。协同性原则是整个高校创新创业教育课程体系的基石，它能够有效地帮助学生融合不同领域之间的知识，从而达到知识整合的目的。

协同性原则在高校创新创业教育中具有重要的意义，具体如下：

第一，协同性原则能够帮助学生更好地理解和应用所学知识。通过将不同课程的内容关联起来，学生能够更深入地理解知识之间的内在联系，从而能够更好地应用所学知识解决实际问题。

第二，协同性原则能够培养学生的综合能力和创新思维。课程设计者在课程设计中明确不同学科之间的联系，能够培养学生跨学科的综合能力和创新思维，从而更好地满足创新创业的要求。

第三，协同性原则能帮助学生培养团队合作意识。在现实社会中，创新创业者往往需要通过团队合作来实现目标。因此，在课程设计中，教师可以采用设立小组项目或布置团队任务的方式，让学生亲身体验团队合作的重要性。通过团队合作的实践，学生可以学会倾听、协商、分享和合作，有助于培养他们的团队意识和沟通能力。

第四，协同性原则有助于高校创新创业教育课程的系统性发展和教师教学质量的提高。通过充分理解和应用协同性原则，课程设计者可以在课程设计中更好地设置教学目标，构建有机而完整的知识体系。同时，学生也可以更好地整合各门课程的知识，掌握整合知识的技能，提升创新创业能力。协同性原则的贯彻与实践是高校创新创业教育课程设计成功的关键，也是培养具有创新精神和创业能力的高素质人才的必要条件。

（二）协同性原则的具体实践

协同性原则强调的是在教学过程中，教师与学生之间的密切合作与互动，以此来提升学生的创新创业能力。具体来说，协同性原则的具体实践主要包括以下几个方面：

第一，教师在课程设计中应充分考虑学生的参与度和主动性。教师通过设立小组项目、分配团队任务等，激发学生的合作意识，并使他们主动参与到课程设计与实践中来。例如，在创新创业项目课程中，教师可以组织学生分成小组，每个小组负责一个创新创业项目的实践。学生在小组中能够互相协作、共同解决问题，这能提高学生创新创业的实践能力。

第二，教师在课堂中还应引入实践性教学活动，以此来培养学生的实际操作能力与实践能力。通过实践活动，学生可以在真实的情境中应用所学的知识与技能，从而更好地理解和掌握创新创业教育的核心内容。比如，教师可以组织学生进行创业实训，让他们亲身体验创业过程，从中总结创业技巧与经验，培养他们的创新精神与创业意识。

第三，课堂中的互动性教学环节是协同性原则的重要体现。教师可以设计一些互动性的教学活动，如案例分析、小组讨论、角色扮演等，以此来激发学生的思维活跃性和提高学生的创新能力。通过这些互动性教学环节，学生可以相互交流、合作，从而培养他们良好的团队精神和创新能力。

第四，注重评估与反馈机制的建立也是协同性原则的重要体现。在协同性原则的具体实践中，教师需要及时对学生的学习过程和成果进行评估与反馈，以此来调整教学策略和方法。通过评估与反馈，教师可以了解学生的学习情况，及时发现并解决问题。

三、高校创新创业教育课程设计的特色化原则

（一）特色化原则的定义与意义

特色化原则是高校创新创业教育课程设计的重要原则之一，它强调课程设计要具有独特性和个性化的特点。

特色化原则的意义如下：

首先，特色化原则的意义在于提供多样性的学习路径和内容。在传统的教育模式中，学生通常按部就班地接受相同的教育内容和培训计划，缺乏个性化。特色化原则要求教

师根据学生的兴趣、能力和需求，设计出不同特色的课程，让学生能够根据自身情况选择适合自己的学习路线，实现个性化发展。

其次，特色化原则的意义在于培养学生的创新思维和创业能力。传统的教育模式注重知识的灌输和记忆，而创新创业教育课程设计则注重培养学生的创新思维和创业能力，为学生提供创新的学习环境和实践机会，让他们能够思考和解决实际问题，提高创新创业素养。

最后，特色化原则的意义在于提升教育质量和竞争力。高校创新创业教育正处于发展的关键时期，如何提升教育质量和竞争力是摆在高校面前的难题。特色化原则的应用能够为高校创新创业教育注入新的活力，有助于打造高校创新创业教育的品牌，并提升教育品牌的知名度和吸引力，提升教育质量和竞争力。

总的来说，在高校创新创业教育课程设计中，特色化原则的应用有诸多优势。它能够为学生提供丰富多样的学习体验和发展机会，激发学生的创新思维和创业潜力。同时，特色化原则也有助于提升高校创新创业教育的质量和竞争力，为高校创新创业教育品牌的建设和发展注入新的活力。因此，教师应该充分认识和重视特色化原则的意义和价值，合理利用特色化原则进行课程设计，促进高校创新创业教育的全面发展。

（二）特色化原则在高校创新创业教育中的应用

在高校创新创业教育中，特色化原则被广泛应用，并且取得了显著的成效。特色化原则在高校创新创业教育中的应用主要体现在以下几点：

第一，特色化原则强调课程应符合本地区的特色发展需求。每个地区都有自己独特的资源和优势，因此，在课程设计过程中需要深入了解本地区的创新创业发展现状和需求，充分发挥本地资源的优势，将实际案例与理论知识相结合，为学生提供更加贴近实际的学习体验。

第二，特色化原则注重培养学生的实践能力。创新创业教育的目标是培养学生的创新精神和创业能力，因此，创新创业课程应注重实践教学环节的设置。例如，组织实地考察、创业实训、企业参观等，让学生亲身体验创新创业的全过程，从而提高他们的实践能力和创业意识。

第三，特色化原则还侧重于跨学科融合。随着创新创业的发展，跨学科的融合已成为一个重要的趋势。因此，在课程设计中，教师应打破传统学科的限制，将不同学科的知识和技能有机地融合在一起。例如，在创新创业课程中引入工程设计、市场营销、人力资源等学科的内容，培养学生的综合能力和跨学科思维。

第四，特色化原则强调教师应具备相关经验和创造性思维。教师是课程设计的关键因素，他们应具备丰富的行业经验和创新创业的实践经验，能够灵活运用教学方法和教学资源。此外，教师还应具备创造性思维，根据学生的兴趣和特长，设计个性化的教学方案，激发学生的学习热情。

（三）特色化原则的具体实践

在高校创新创业教育中，特色化原则是一项至关重要的指导原则。它强调通过个性化、差异化的教学方法和内容，来使创新创业教育更加符合学生的实际需求和兴趣。在高校创新创业教育中，特色化原则的具体实践需要从多个维度入手，以达到最佳教育的效果。

首先，可以通过引入跨学科的教学方法来贯彻特色化原则。跨学科教学是一种将不同学科的知识和概念互相结合的教学方法。例如，在创新创业教育中，教师可以将工学和商学相结合，让学生通过项目式学习的方式，将技术和商业理念有机地融合在一起。这样，学生既可以学到实际的技术知识，又能够培养学生的创业思维和商业意识。

其次，特色化原则还可以通过提供个性化的选修课程来实践。在高校创新创业教育中，高校应该提供多样化的选修课程，以满足学生的不同需求和兴趣。例如，对于对科技创新感兴趣的学生，高校可以开设一门以科技创新为主题的选修课程；对于对商业创业感兴趣的学生，高校可以开设一门以商业创业为主题的选修课程。通过这样的方式，可以更好地激发学生的学习兴趣，提高他们的参与度和投入度。

最后，特色化原则还可以通过高校与校外机构合作来实施。为了打造特色化的创新创业教育课程，高校可以积极与企业、创业孵化器等外部机构进行合作。这样一来，学生不仅可以接触到真实的创新创业项目，还可以借助外部资源获得更多的实践机会和经验。通过外部资源，学生的创新创业能力可以得到更好的锻炼和提升。

第三节 高校创新创业教育课程的教学方法

一、讲授法

（一）讲授法的定义及特点

在高校创新创业教育中，讲授法是一种常见的教学方法。它以教师为主导，通过讲解知识和理论，向学生传授必要的信息。讲授法具有以下几个特点：

第一，讲授法能够帮助教师向学生提供系统化的知识体系。通过有序的讲解，教师能够将零散的知识点有机地组织起来，形成一个完整的知识框架。学生可以在教师讲授的过程中，逐步理解和掌握各个知识点之间的关系，建立起全面的学科概念体系。

第二，讲授法强调知识的专业性和准确性。教师凭借丰富的教学经验和专业知识，能够准确地讲解核心知识，减少学生认知偏差。

第三，讲授法能够加强教师与学生之间的互动。虽然在讲授过程中，教师起主导作用，但也为学生提供了相应的互动机会。学生可以在课堂上提问、讨论，与教师进行有效的交流。这种互动不仅有助于学生对知识的理解和消化，还能够激发他们的思维，提高他们的创新能力。

第四，讲授法适用于大规模课堂教学。通常，很多高校学生都会参与高校创新创业教育的课堂教学。教师使用讲授法能够在相对短的时间内向学生讲授大量的知识，提高教学效率，因此讲授法适用于大规模的教学场景。

（二）讲授法在创新创业教育中的作用

在高校创新创业教育中，讲授法作为一种传统的教学方法，具有其独特的应用价值和适用场景。通过讲授的形式，教师可以向学生传授专业知识、理论框架以及实践经验，帮助学生培养基础的创新创业思维和能力。讲授法在创新创业教育中的作用主要有以下几点：

首先，一些高校开设创新创业相关课程时，可以采用讲授法进行知识与理论的传授。例如，在创新创业管理课程中，教师通过讲解创新创业的基本概念、相关理论模型以及行业案例，让学生对创新创业有基本了解，并能够建立相关学科框架。讲授法的应用能够为学生提供理论指导，帮助他们掌握创新创业的基本知识，并为后续的实践活动打下坚实的基础。

其次，讲授法与互动式教学法相结合，可营造一种积极互动的课堂学习氛围。教师通过提出问题、组织小组讨论等方式，促进学生对知识的共享与交流。例如，在创新创业项目课程中，教师可以先进行相关知识的讲授，然后引导学生进行课堂互动，让学生充分发挥自己的创造力和想象力，说出自己的创业项目构想，并与其他人进行交流。这种互动式的讲授法能够激发学生的学习兴趣，促进学生对知识的消化吸收，同时也培养了学生的团队合作能力与沟通能力。

最后，讲授法还可以结合实际案例，给学生提供实际经验与真实案例的参考。例如，在创新创业实践课程中，教师可以邀请创新创业者给学生讲述自己的创新创业经历，分享成功或失败的经验教训。这种案例式的讲授法能够让学生更加直观地了解创新创业所面临的困难和挑战，激发学生的创新创业热情。

（三）讲授法的优缺点及改进策略

讲授法作为一种传统的教学方法，在高校创新创业教育中具有一定的应用价值。在利用讲授法进行教学时，教师可以通过系统讲解向学生传授相关的创新创业知识和经验。这种方法的一个明显优点是可以节省时间，快速传递知识。通过教师的直接讲解，学生可以迅速掌握大量的规范化的知识。除此之外，讲授法成本较低，适用于大规模课堂教学。

然而，讲授法也存在一些缺点。首先，纯粹的讲授法缺乏互动性，学生只是被动地接受知识，缺乏主动学习和思考的机会，学生的参与度和学习兴趣可能会降低，导致教学效果不佳。其次，讲授法难以满足学生个性化学习的需求，每个学生的接受和理解能力不同，单一的讲解方式无法针对不同学生的差异进行个别化教学。最后，对于创新创业教育这样一个注重实践和创新能力培养的课程来说，单纯地传授理论知识远远不够，学生需要进行更多的实践和思考。

为了克服讲授法的缺点，教师在高校创新创业教育中应该采取一系列改进策略：

第一，教师可以引入互动式教学法，利用问题导向和讨论的方式，激发学生的主动性和创造性思维。这种互动式教学法可以促进对学生思辨能力和创新意识的培养。

第二，项目设计教学法也是一种可行的改进方法。其让学生参与到实际的创新创业项目中,让他们亲身体验创新流程和解决问题的过程,从而培养学生的实践能力和团队合作精神。

第三,讲授法可以与实践教学法相结合。学生通过实地考察、参观企业和进入企业实习等,与实际商业环境接触,加深对创新创业实践的理解。

第四,网络教学法是一种行之有效的改进方法,其通过在线教学平台和虚拟实验室等,为学生提供更加灵活和自主的学习环境,能满足学生个性化学习和自主学习的需求。

二、互动式教学法

(一)互动式教学法的定义及特点

互动式教学法作为一种新型教学方法,在高校创新创业教育中得到了广泛应用。它旨在促进师生之间及学生之间的互动与合作,为学生提供一个有利于互动与交流的学习环境。

互动式教学法具有如下特点:

第一,互动式教学法强调学生的主动参与。传统的讲授法往往是教师单向地向学生灌输知识,而互动式教学法则鼓励学生积极思考、发问和讨论。学生通过参与课堂讨论、小组活动、案例分析等方式,主动探索和构建知识体系,进而培养分析问题和解决问题的能力。

第二,互动式教学法注重学生之间的合作学习。学生通过参与小组合作、团队项目等,能够相互交流和合作,共同解决问题,从而培养团队合作精神和协作能力。这种合作学习的方式极大地活跃了课堂氛围,激发了学生的学习兴趣和动力。

第三,互动式教学法注重实践和体验。学生通过参与课堂互动、实践活动等,可以更加直接地接触到实际问题,从而能够锻炼自身的实际操作能力和解决问题的能力。通过自身的体验和参与,学生能够更好地理解和掌握知识,将理论知识与实际问题相结合,提升实践能力。

第四,互动式教学法注重反馈和评价。在互动式教学中,学生可以随时与教师互动,提出问题和疑惑,教师也会根据学生的表现给予及时的评价和指导。这种及时的反馈有助于学生不断改进和提高,提高学生的学习动力。

（二）互动式教学法在创新创业教育中的作用

互动式教学法是一种基于学生参与和互动的教学方法，它在高校创新创业教育中起到重要的作用。互动式教学法在创新创业教育中的作用主要有以下几点：

首先，互动式教学法通过组织创业模拟活动来培养学生的创造力和团队协作精神。在创新创业教育中，教师可以设计各种创业模拟活动。例如，模拟创业项目的策划与实施。学生们被组成不同的团队，每个团队需要负责实施一个创业项目。在实践过程中，教师充当指导者和咨询者的角色，通过与学生的互动与交流，引导他们分析问题、制定解决方案。这种教学法有效地激发了学生的创造力和团队协作精神。

其次，互动式教学法通过开展团队演讲和辩论活动来提高学生的表达和沟通能力。在创新创业教育中，学生的表达和沟通能力是非常重要的。互动式教学法可以鼓励学生主动参与到团队演讲和辩论活动中。例如，学生可以组成不同的团队，每个团队需要为特定的创新创业问题进行辩论，并向其他团队展示自己的观点和论据。在这个过程中，学生可以互动交流，分享自己的见解和经验，并借此提升自己的表达和沟通能力。

最后，互动式教学法通过让学生参与到实际的创业项目中来培养他们的实践能力。在创新创业教育中，互动式教学法可以通过提供真实的创业体验和锻炼机会，让学生实际参与到创业项目中。例如，高校可以与企业或社会组织合作，让学生参与到实际的创业项目中，并且与创业导师一起合作解决实际问题。这种互动式教学法不仅能够锻炼学生的实践能力，还能够让他们更好地了解创新创业的过程和需要面临的挑战。

（三）互动式教学法的优缺点及改进策略

互动式教学法的优点如下：

第一，互动式教学法能够激发学生的积极性和主动性。通过参与小组讨论、案例分析、角色扮演等，学生能够主动参与到课堂中，积极思考和解决问题。这有效地激发了学生的学习热情和创新创业意识。

第二，互动式教学法能够促进学生之间的合作与交流。在互动的环境中，学生们可以相互交流，分享自己的创意和想法。通过团队合作、讨论和辩论等，学生能够彼此启发，形成集体智慧。

然而，互动式教学法也存在一些不足之处。首先，由于学生参与度较高，教师在授课过程中可能会失去对整体进度和内容的把握。其次，由于不同学生的知识基础和能力水平存在差异，有些学生可能会在互动环节中感到压力和不适应。最后，互动式教学法相对于传统的讲授法来说，对教师的教学能力和备课水平提出了更高的要求。

针对互动式教学法的这些缺点，教师可以采取一些改进策略。首先，教师在设计互动环节时需要注意对整体进度和课程目标的把握，确保学习内容的覆盖和合理。其次，教师在互动过程中应注重引导学生参与，关注学生的学习和成长过程，及时给予指导和反馈。最后，教师还应采取多样化的互动形式，根据学生的不同需求和特点，灵活运用讨论、实际案例、游戏等，提高教学效果。

三、项目设计教学法

（一）项目设计教学法的定义及特点

项目设计教学法是一种让学生参与到实际项目中，培养其创新思维和创业能力的教学方法。

项目设计教学法的特点如下：

第一，项目设计教学法注重培养学生的实践能力。传统的教学方法往往只是讲解理论知识，学生很难真正掌握实际操作的技巧。项目设计教学法能够让学生参与到项目中，学生通过实际操作来学习和掌握知识与技能。

第二，项目设计教学法注重培养学生的创新思维。创新是创业的基础，而项目设计教学法正是通过在实际项目中引导学生进行创新设计来培养他们的创新思维。学生需要根据自己的想法和创意来设计和实施项目，这个过程不仅能够激发学生的创新潜力，还能够提升他们解决问题的能力。

第三，项目设计教学法注重培养学生的团队合作能力。在实际的项目中，学生通常需要组建团队共同完成任务。这种合作模式不仅能增强学生的团队合作意识，还能有效提升其沟通协调能力，使其掌握分工配合的技巧。通过承担不同角色，学生可以在实践中进一步培养领导力和团队管理能力，为未来职业发展奠定基础。

第四，项目设计教学法还注重培养学生解决实际问题的能力。在实际项目中，学生面临的问题和挑战往往是复杂和多样化的。通过参与项目设计和实施，学生能够锻炼自己解决问题的能力，培养分析能力、判断能力和决策能力。

（二）项目设计教学法在创新创业教育中的作用

项目设计教学法作为一种重要的教学方法，在高校的创新创业教育中发挥着不可替代的作用。项目设计教学法通过将理论知识与实际应用相结合，来培养学生的实践能力、创新思维和团队合作精神。

首先，以某高校的创新创业教育课程为例，在课程中运用项目设计教学法。学生们被分成小组，每个小组负责一个实际项目的设计与实施。在这一过程中，学生需要深入研究项目的市场需求、技术可行性和商业可行性等内容。通过参与项目设计过程，学生不仅能够了解项目从构思到实施的全过程，而且能够提高解决问题的能力和团队协作精神。

其次，利用项目设计教学法，学生有机会在真实的商业环境中运用所学知识进行实践。比如，在某高校的创新创业教育课程中，学生们开展了一项虚拟企业的创业项目。通过模拟真实商业环境，学生在团队合作中学会了如何制定市场策略、拟定商业计划书以及进行风险评估。这种实践性的教学方式，不仅有助于提高学生的实践创新能力，也有助于学生为将来的创业做好充分准备。

最后，项目设计教学法还可以利用互联网和现代科技手段进行教学。以某高校的创新创业教育课程为例，利用网络教学平台，学生可以随时随地获取所需的教学资源，进行在线学习和讨论。结合网络资源的丰富性和交流互动的便捷性，项目设计教学法能够开阔学生的视野，促使他们对创新创业进行深入思考。

（三）项目设计教学法的优缺点及改进策略

在高校创新创业教育中，项目设计教学法作为一种重要的教学方法，具有自身的优点和缺点。为了进一步提高教学质量，教师需要吸收、借鉴项目设计教学法的优点，并对其缺点进行改进。

项目设计教学法具有如下优点：

第一，项目设计教学法能够培养学生的综合素质。通过参与项目设计，学生能够在真实的项目情境中进行深入实践，从而全面提升其解决问题的能力、团队合作能力和沟通能力等。这种实践性的教学方法能够培养学生的综合素质，使他们更好地适应未来的就业环境。

第二，项目设计教学法可以激发学生的学习兴趣和主动性。相比于传统的讲授法，项目设计教学法更注重学生的参与度和主动性。学生在项目设计中要承担一定的责任，需要积极主动地参与到各个环节中。这可以激发学生的学习兴趣，增强他们的自学能力和问题解决能力。

然而，项目设计教学法也存在一些缺点：

首先是教师的指导和监督能力不足。与传统的讲授法相比，项目设计教学法对教师的要求更高。教师需要具备项目管理和指导的能力，及时发现学生在项目设计中存在的问题，并提供有效的指导和建议。因此，如何提升教师的指导和监督能力，是一个亟待解决的问题。

其次，项目设计教学法还可能面临资源不足和时间紧迫的问题。项目设计需要一定的资源，如实验设备、实践场地、专业指导教师等。同时，项目设计需要较长的时间来进行，这对于已经排满课程的学生来说，可能会有时间压力。因此，如何合理分配资源和时间，成为教师在应用项目设计教学法时需要思考的问题。

为了改进和完善项目设计教学法，可以采取以下策略：

首先，加强教师培训，提升他们的项目指导能力。教师可以参加相关的培训课程，学习项目管理和指导的知识与技能，从而更好地引导学生进行项目设计。

其次，加大对教学资源的投入，确保学生能够得到充足的资源。可以与企业合作，以获得实践场地和专业指导。

最后，要合理安排学生的课程，为他们提供足够的时间去参与项目设计。

四、实践教学法

（一）实践教学法的定义及特点

实践教学法是一种将学生置身于实际的创新创业环境中，通过具体实践活动来培养他们的创新创业能力的教学方法。与传统的讲授法相比，实践教学法强调学生的主动参与和亲身体验，使他们能够在实践中不断探索、实践和反思。实践教学法的特点如下：

第一，实践教学法注重培养学生的实际动手能力。学生通过参与实际的项目设计、市场调研、商业计划书的编写等，能够充分感受到创新创业的真实情境，从而提升自身解决实际问题的能力。

第二，实践教学法强调学生的团队合作能力。在实践活动中，学生需要与其他团队成员合作，共同完成项目任务。通过团队合作，学生不仅能够学习协调沟通、分工合作和互相协助的技能，还能够提升在创新创业过程中与合作伙伴合作的能力。

第三，实践教学法注重培养学生的创意思维。在实践中，学生需要寻找创新创业的机遇和解决问题的创意方案。他们需要不断思考，培养创意思维和创新意识。

第四，实践教学法能够增强学生的自主学习能力。在实践中，学生需要主动获取相关的知识和信息，独立思考并解决问题。这种自主学习的过程培养了学生的主动学习意识和能力，进而培养了他们终身学习的能力。

在创新创业教育中，实践教学法发挥着重要作用。通过实践教学法，学生能够全面了解创新创业的过程和面临的挑战，从而培养创新创业的核心能力。因此，在高校创新创业教育中，实践教学法是一种非常重要的教学方法。

（二）实践教学法在创新创业教育中的作用

在高校创新创业教育中，实践教学法被广泛应用，并取得了显著的教学效果。实践教学法在创新创业教育中的作用主要有以下几点：

首先，实践教学法能提供具体的创业实训。实践教学法通过组织学生参与真实的创业实践项目，让他们深入了解创业过程中的各个环节，并为其提供实际的商业运作经验。例如，某高校开设了创业实训课程，组织学生参与真实的创业项目，从市场调研、商业计划书的编写、资金筹措等各个方面进行实践，培养学生的创业能力和创新思维。

其次，实践教学法还可以通过校企合作项目来实现创新创业教育的目标。这种形式的实践教学法将高校与企业紧密联系起来，将创新创业项目纳入教学计划中，要求学生进入企业实地考察、了解市场需求，并提出创新产品推广方案，使其能够直接接触到实际的创新创业环境，从而培养他们的实际操作能力。

最后，实践教学法还可以结合社会实践活动来培养学生的创新创业意识与能力。学生可以通过参与创新创业竞赛、创业论坛等活动，与创业者进行交流与互动。通过与实际创新创业者的接触，学生能够深入了解创新创业的情况，抓住创新创业机会，激发自己的创新潜能。

五、网络教学法

（一）网络教学法的定义及特点

网络教学法是一种基于互联网技术的创新教学方法。它通过网络平台将教学资源、教学内容和学习活动进行整合，以此来促进学生在创新创业教育中的学习和发展。网络教学法具有以下特点：

第一，网络教学法具有时空灵活性。学生可以根据自身的情况安排自己的学习，摆脱了传统教学的时间和地点的限制，能够更好地适应学生的差异化学习需求。

第二，网络教学法强调互动性。网络教学平台提供了多种互动方式，如在线讨论、实时问答、小组合作等，学生可以通过与教师、同学的互动交流，共同探讨问题和解决难题，促进思维碰撞和知识共享。

第三，网络教学法注重多媒体与多模式教学。通过网络教学平台，教师可以整合丰富的多媒体教学资源，如图像、声音、视频等，以多种方式呈现教学内容，提供多样化的学习体验，激发学生的兴趣和参与度。

第四，网络教学法强调培养学生的自主学习能力和问题解决能力。网络教学注重学生的主动学习，通过布置自主学习任务和问题解决任务，鼓励学生独立思考、自主学习和主动探索，从而培养学生的创新意识和问题解决能力。

（二）网络教学法在创新创业教育中的作用

网络教学法的特点之一是可以突破时间和空间的限制，使得学生无论何时何地都能够参与到教学中来。在创新创业教育中，网络教学法为学生提供了更为便捷和灵活的学习方式。

首先，网络教学法在创新创业教育中的应用可以帮助学生实现跨地域学习。创新创业领域的知识和信息通常是高度分散和时效性强的，传统的教室教学难以满足学生的需求。网络教学法让学生可以随时随地通过网络教学平台进行学习，获得最新的研究成果和实践案例。这种跨地域学习的方式使得学生能够获取更广泛的知识和经验，从而提高他们在创新创业领域的竞争力。

其次，网络教学法在创新创业教育中的应用还可以促进学生之间的互动与合作。网络教学平台可以提供丰富的互动工具和资源，使得学生之间可以方便地进行讨论、分享、合作。比如，学生可以通过在线讨论区对课程内容进行深入的交流和思考，或者组成团队进行项目设计和实践，共同解决实际问题。学生之间的互动与合作有助于激发他们的创新精神和创业意识，培养他们的团队合作能力和沟通能力。

最后，网络教学法在创新创业教育中的应用还可以丰富学生的学习资源，拓宽学生的学习渠道。通过网络平台，学生可以接触到更多的创新创业教育资源。这些资源的开放和共享不仅扩大了学生的知识面，还使得他们能够更好地了解创新创业领域的动态和趋势。同时，网络教学法还为学生提供了丰富的学习工具和多媒体资料，使得他们可以以更生动、直观的方式进行学习，提高学生的学习效果。

第四章 高校创新创业教育的实施策略与质量保障机制

第一节 高校创新创业教育的实施策略

一、资源整合

（一）教育资源的整合

教育资源的整合是高校创新创业教育中的一项重要任务。为了对学生进行全面支持和培养，高校需要将各种教育资源有效整合起来。

首先，高校可以整合自身内部的教育资源，包括师资力量、课程内容、实践实训基地等。高校合理配置和利用这些资源，可以为学生提供全方位的创新创业教育经验。

其次，高校还可以与其他高校及教育机构进行资源共享与协作。例如，高校可以通过建立跨校合作项目，共同开设创新创业教育课程，组织联合实训活动，促进资源共享与互补。通过打破传统的学科和机构界限，高校可以充分利用外部教育资源，为学生提供更加多元化和综合性的创新创业教育。

最后，在教育资源的整合过程中，高校需要建立沟通与协调机制。通过建立跨部门、跨学科的合作机制，加强信息共享和资源对接，高校能够更好地整合各类教育资源，提供更加全面和多样化的创新创业教育。

总之，教育资源的整合是高校创新创业教育的一项重要任务。高校可以通过整合自身资源，并与其他高校及教育机构合作的方式，为学生提供全方位的创新创业教育经验和支持，从而推动创新创业教育的发展。在资源整合的过程中，高校与其他高校及教育机构之间需要加强沟通与协调，建立有效的合作机制，以提高教育资源的利用效率和教育质量，为学生成才和社会创新创业做出积极贡献。

（二）创新创业平台的建设

创新创业平台的建设是高校创新创业教育体系中不可或缺的重要环节。高校建设和发展创新创业平台，可以为学生提供良好的创新创业学习和实践条件，促进其创新能力和创业意识的培养。

第一，创新创业平台应该具备创新、开放、灵活的特点。创新创业平台应该为学生提供多样化的资源和机会，既包括专业化的创新创业培训课程，也包括与相关企业合作的机会。创新创业平台应该对所有有创新创业意向的学生开放，不限制学生的专业背景和学历。

第二，创新创业平台应该注重实践性。创新创业平台不应该仅仅提供理论知识和学术讲座，更应该提供创新创业实践的机会。例如，创新创业平台可以与企业合作，为学生提供创新创业项目的实践机会，使其能够在实际项目中锻炼自己的能力。同时，创新创业平台还可以组织一系列创新创业比赛和活动，以激发学生的创新创业热情。

第三，创新创业平台应该支持资源整合和学生之间的合作。学生在创新创业平台上应该有机会与其他创新创业者、投资者、专家等进行交流和合作。创新创业平台可以组织创新创业沙龙或网络论坛，促进学生之间的交流和合作，促进资源的共享。

第四，创新创业平台的建设需要政府和高校的支持。政府可以提供财政资助，支持创新创业平台的建设和发展。高校可以制定相应的制度，鼓励学生参与创新创业平台的建设，并给予相应的学分和物质奖励。

（三）社会资源的引入

社会资源的引入是高校创新创业教育中不可或缺的一环。通过与社会各界的合作，高校可以充分利用外部资源，为学生提供更加全面和具有实践性的创新创业教育。

首先，社会资源的引入可以为高校创新创业教育提供更多的实践机会。与企业、行业协会、投资机构等社会组织合作，可以为学生提供实习、实训、实践等机会。通过与实际项目的接触，学生可以更好地了解市场需求和行业动态，提高创新创业能力。

其次，社会资源的引入还可以帮助高校完善创新创业平台。与社会组织合作，可以引入先进的技术设备和专业人才，提升创新创业平台的技术水平和管理能力。同时，社会资源的引入还可以为创新创业平台提供更多的资金支持，增强创新创业项目的可持续发展能力。

最后，社会资源的引入还可以促进高校与社会的深度融合。在项目开展过程中，高校与社会组织合作，学生能够与企业家、学者等进行交流与合作。这种交流与合作不仅可以提升学生的专业素养和实践能力，还能够为学生提供更广阔的发展空间和更多的就业机会。

要实现社会资源的引入，高校需要积极主动地与社会各界进行沟通和合作，建立起与企业、行业协会、投资机构等社会组织的合作机制，共同制定并执行合作计划。同时，高校还应加强资源整合，通过资源共享、合作育人等方式，最大限度地利用社会资源。

二、校企合作

（一）校企合作的模式

校企合作作为高校创新创业教育的重要方式，对于培养学生的创新创业能力和就业竞争力具有重要意义。在校企合作方式方面，目前有多种不同的模式可供选择，每种模式都有其特点和适用场景。下面主要探讨校企合作基地模式和校企共建实验室模式：

第一，高校可以采用校企合作基地模式。校企合作基地是指在高校内或附近建设的专门为校企合作提供便利条件和资源的场所。这样的基地可以提供创业孵化、技术研发、人才培养等综合性服务，为学生和创业团队提供良好的实践环境和支持平台。

第二，高校可以探索校企共建实验室模式。通过高校与企业共同投资建设实验室，双方可以在共享设备、技术资源整合以及人才培养等方面展开深入合作，从而实现教育资源的优化配置和高效利用。这种模式不仅有利于培养学生的实践能力，也能够满足企业的技术需求，促进教学与实际应用的紧密结合。

在选择校企合作模式时，需要根据具体的情况和需求进行综合考量。不同的模式可以根据教育目标、合作资源、高校特色等因素进行灵活调整和组合。同时，还需要注意合作双方的共识和沟通，建立稳定的合作关系，以实现教育与产业的有机衔接，为学生的创新创业能力培养和就业能力发展提供有力支持。

（二）校企合作的实施

校企合作作为一种重要的创新创业教育方式，在高校创新创业教育中有着重要意义。校企合作的实施包括具体的合作形式、实施的策略以及所涉及的主体。

首先，校企合作的形式具有多样性，包括但不限于实习实训、学术交流、科研合作、创业合作等。实习实训是一种常见的合作形式。实习实训是让学生到企业实习，使学生获得实际操作经验，并提高其实践能力。学术交流则促进了学术资源的共享与交流，提升了学生的学术素养和科学研究能力。科研合作和创业合作也是校企合作的重要方式，为学生提供了更多的实践机会和发展平台。

其次，实施校企合作需要制定明确的策略和合作方案。高校需要积极主动与企业建立联系，确定合作关系，开展双向的资源共享和互助。同时，要根据学生的专业方向和个人兴趣，与企业进行精准对接，更好地推动校企合作。此外，高校还需要制定相关政策和规章制度，明确合作的权责和利益分配，确保合作的顺利进行。

最后，校企合作的主体包括高校、企业和学生三个方面。高校拥有丰富的教育资源和专业知识，应充分发挥自身优势，为企业提供专业技术支持和人才培养服务。企业作为经济实体，具有业务经验和市场资源，应积极参与校企合作，为高校学生提供实践机会和就业岗位。而学生则是校企合作的受益者，他们可以通过校企合作，获得实践经验和职业发展机会。

（三）校企合作的效益评估

校企合作的效益评估是整个创新创业教育体系评估的关键之一。对校企合作效益进行评估，可以客观地了解合作模式的实施情况以及校企合作对高校、企业和学生的影响，为进一步优化校企合作提供科学依据。

首先，校企合作的效益评估要从定量和定性两个角度进行。在定量评估方面，可以通过统计数据来分析与校企合作相关的指标，如项目数量、项目成果、人才培养质量等。这些指标可以帮助评估校企合作对学生创新创业能力、专业人才培养的效果以及合作项目经济效益的提升程度。在定性评估方面，可以通过对参与校企合作的学生、教师和企业代表的访谈和调研，了解他们对合作模式的评价以及合作过程中面临的问题和挑战。

其次，校企合作的效益评估要注重综合分析。一方面，要综合考虑校企合作对高校的影响，包括高校声誉的提高、创新创业文化的培育以及科研实力的增强等；另一方面，要综合考虑校企合作对企业的影响，如技术创新、市场推广、人才引进等方面的效益。最重要的是，要考虑校企合作对学生的影响，包括职业发展机会的增加、创业意愿的培养以及创新创业能力的提高。

最后，校企合作的效益评估需要及时进行。评估不仅仅是为了总结经验和展示成果，更重要的是为了提供决策支持和改进方向。高校和企业应该根据评估结果，及时调整合作模式和策略，弥补合作中的不足，进一步促进创新创业教育的发展。

（四）校企合作面临的挑战与解决策略

校企合作在推动创新创业教育发展的同时，也面临着一些挑战：

第一，企业资源匮乏是校企合作面临的主要问题。目前，一些企业对于与高校进行合作仍持观望态度，缺乏对创新创业教育的投入。

第二，合作模式的不完善也是一个挑战。传统的校企合作模式往往停留在"师徒制"或简单的实习层面，无法满足创新创业教育的需求。

第三，校企合作的管理和协调也是一个巨大的挑战。高校和企业往往有不同的价值观和目标，如何协调好双方的利益关系并确保合作的顺利进行是一个需要解决的问题。

第四，校企合作评估机制不完善也是其面临的重要挑战。目前，对校企合作的效益评估主要还停留在定性描述层面，缺乏科学的定量指标和评价体系。

针对这些挑战，可采取一些对策：

第一，加大对校企合作的政策支持力度。鼓励企业积极参与创新创业教育，并提供资源和资金支持。

第二，创新合作模式，以满足创新创业教育的需求，同时可以建立技术研发中心、孵化中心等实践基地，为学生提供更丰富的创新创业机会。

第三，加强校企合作的管理和协调。建立双向交流平台，加强高校与企业的沟通与合作，确定合作目标与任务，并制定明确的合作协议。

第四，完善校企合作的评估机制，建立科学的定量指标和评价体系，加强对校企合作项目的跟踪与评估，及时发现问题并采取相应的改进措施。

三、产学研结合

（一）产学研结合的模式

产学研结合是高校创新创业教育中一种重要的合作模式，旨在实现企业、高校和科研机构之间的合作互动，促进知识转化和技术创新。在实际运行中，产学研结合可以采取多种模式，如联合研究项目、技术转让、共享实验室等。

`

首先，联合研究项目是产学研结合的一种常见模式。高校可以与企业、科研机构等合作，共同开展研究项目，共享资源和技术，实现知识的共享和传递。这种模式的优势在于能够将学术和实际应用相结合，实现科研成果的转化和应用。例如，某高校与某电子企业合作开展了一项研究项目，共同研发了一种新型电子产品，该产品融合了该高校的学术研究成果和该电子企业的市场需求，获得了良好的市场反响。

其次，技术转让也是一种常见的产学研结合模式。高校可以将自身的技术成果和专利技术进行转让，与企业合作，实现技术的商业化应用。这种模式的优势在于能够将高校的科技成果转化为实际生产力，推动科技创新和产业发展。例如，某高校开发了一种新型生物技术，该技术可以应用于农业领域，提高农产品的产量和质量。该高校将该技术转让给相关企业，共同推进了农业产业的发展。

最后，共享实验室也是产学研结合的一种模式。高校可以与企业合作建设共享实验室，提供实验设备和技术支持，以促进学术界和企业的交流与合作。共享实验室的优势在于能够提供先进的实验条件和资源，为学术研究和企业创新提供便利。例如，某高校与某汽车制造企业合作搭建了共享实验室，该实验室配备了最新的汽车试验设备，这不仅为该高校车辆工程专业的学生提供了实践机会，也为该汽车制造企业的产品研发提供了技术支持。

（二）产学研结合的实施过程

在高校创新创业教育中，产学研结合是一种重要的教育模式。该模式将高校、企业和科研机构有机地结合在一起，促进了创新创业教育的全面发展和学生实践能力的提升。产学研结合的实施过程可以分为以下几个方面：

第一，建立良好的合作关系。高校应积极主动地与企业、科研机构建立合作伙伴关系，共同开展创新创业教育项目。高校应与企业、科研机构签订合作协议或合作协议书，明确双方的权益和责任，确保合作的顺利进行。

第二，制定明确的目标和计划。在实施产学研结合的过程中，双方应明确创新创业教育的目标和计划，确保各项工作有序进行。高校可以根据学生的需求和市场需求，确定培养目标和培养计划，从而更好地满足社会对创新创业人才的需求。

第三，加强资源整合和共享。产学研结合需要相关方共享资源，使高校的教育资源、企业的实践经验和科研机构的科技成果得到充分利用。这样可以为学生提供更多的实践机会和创新平台，从而提高学生的实践能力和创新创业素质。

第四，建立有效的沟通和协调机制。在实施产学研结合的过程中，高校、企业和科研机构之间需要及时沟通和协调，共同解决合作中的问题和困难。高校、企业和科研机构可以通过定期举行会议、召开座谈会等形式，加强合作伙伴之间的交流，推动产学研结合工作的顺利开展。

（三）产学研结合的效果评估

高校创新创业教育的产学研结合效果评估工作是必不可少的。

第一，对于产学研结合的效果评估，可以从学生的创新创业能力培养方面进行。对学生在产学研结合实践过程中的实际表现进行观察，可以评估出他们在问题解决、团队合作、创业意识等方面的能力发展情况。此外，还可以通过毕业生的就业率、创业率等指标了解产学研结合对学生就业、创业的影响。

第二，从产学研结合的产出效益方面进行评估。产学研结合应当能够促进科研成果的转化和产业化，通过对科研成果的转化率、产业合作项目的数量和质量等指标进行评估，可以了解产学研结合对科研成果的转化和产业发展的贡献。

第三，评估产学研结合的教育资源利用效率。高校在产学研结合中动用了大量的教育资源，包括教师、实验室、设备等。高校评估这些资源的利用情况，可以了解产学研结合是否能够提高教育资源的利用效率。

第四，从企业、科研机构合作的角度进行评估。产学研结合应当能够促进高校与企业、科研机构之间的合作和交流。通过合作伙伴的满意度、项目合作的效果等指标，可以评估产学研结合对企业、科研机构的有利影响。

在产学研结合的效果评估中，应当采用定量与定性相结合的评估方法，通过问卷调查、数据统计、实地考察等手段，综合评估产学研结合的效果。此外，评估结果的意义解读也是非常重要的，只有深入分析评估结果，并提出相应的改进策略，才能不断优化产学研结合的过程，提高创新创业教育的质量。

第二节 高校创新创业教育的质量保障机制

一、质量保障机制的构成、特点及意义

（一）质量保障机制的构成

高校创新创业教育的质量保障机制是一个由多个要素组成的系统。该机制由以下几个要素构成：教育政策支持、课程设置与教材建设、师资团队建设、学生评价与反馈机制。

第一，教育政策支持是高校创新创业教育的基石。为了提升质量保障机制的效果，各级政府部门要出台相关政策，明确高校创新创业教育的目标和任务，并提供相应的资金支持。政策的落地执行可以有效引导高校积极推进创新创业教育改革，促使创新创业教育真正融入高校教育体系中。

第二，课程设置与教材建设是质量保障机制的重要组成部分。高校需要根据创新创业教育的目标和需求，设计相应的课程体系，并编写配套的教材。这些课程和教材应该具有前瞻性和实践性，能够培养学生的创新精神、实践能力和创业意识。此外，高校还应该注意更新与改进课程和教材，使其与时俱进，且与学生的实际需求保持紧密联系。

第三，师资团队建设是质量保障机制不可或缺的一环。高校应该加强对教师的培养和引进，提升他们的创新创业教育水平。一支既有学术背景又有实践经验的师资队伍，能够有效指导学生的创新创业实践。此外，高校还应该建立相应的培训机制，定期组织教师参加培训和交流活动，以保证教师的知识更新和专业发展。

第四，学生评价与反馈机制也是质量保障机制的重要组成部分。高校应该建立科学有效的学生评价体系，如问卷调查、学生表现评估等，不仅能够客观评价学生的创新创业能力，还可以为改进创新创业教育提供有力的依据。同时，高校还应该重视学生的反馈意见，建立通畅的信息反馈渠道，及时了解和解决学生在创新创业教育过程中遇到的困难和问题。

（二）质量保障机制的特点

在高校创新创业教育的质量保障机制中，机制的特点是非常重要的一个方面。深入探讨这些特点，可以更好地了解和评估质量保障机制对于高校创新创业教育所起的作用。

第一，质量保障机制强调全面性和系统性。高校创新创业教育的质量保障机制应该是一个全面、系统的体系，涵盖各个环节和方面。这意味着在制定质量保障机制时，需要考虑到教学、实践、评估等多个方面的因素，确保每个环节都能够得到充分的保障和支持。

第二，质量保障机制要突出灵活性和适应性。高校创新创业教育的质量保障机制应该具有一定的灵活性和适应性，能够随着时代的变化和教育需求的变化而不断调整和改进，以确保创新创业教育质量的持续提升。

第三，质量保障机制注重参与性和合作性。高校创新创业教育的质量保障机制应该是一个广泛参与和合作的过程，涉及师生、社会企业、政府部门等多方面的合作与协同。这意味着各个方面必须建立起密切的合作关系，实现多方的资源共享和优势互补，以达到共同提升创新创业教育质量的目标。

第四，质量保障机制强调持续性和评估性。高校创新创业教育的质量保障机制应该是一个对高校创新创业教育实施效果进行定期评估和反馈的机制。这意味着需要设立评估指标和评估机制，以及建立反馈机制，及时了解机制的运行情况和效果，并对不足之处进行改进。

（三）质量保障机制的意义

质量保障机制的意义包括以下几个方面：

第一，提高高校创新创业教育的质量。通过建立完善的质量保障机制，高校可以确保创新创业教育的有效实施，推动教育质量的提升。这一机制能够明确教育目标，规范教学内容和方法，提升教师的教学水平，促进学生的创新能力和创业意识的培养，从而为高校创新创业教育的质量提供有力保障。

第二，推动高校创新创业教育的持续改进。通过不断评估和监测质量保障机制的实施效果，高校可以及时发现存在的问题和不足，并对质量保障机制进行调整和改进。这样可以保持质量保障机制的有效性和适应性，从而促进高校创新创业教育的不断发展和进步。

第三，促进高校创新创业教育与社会需求的对接。质量保障机制的建立和完善，可以确保高校创新创业教育的教学内容和教学方法符合社会的需求和期望。这有助于提升学生的就业竞争力，培养具有创新创业精神和实践能力的人才，为社会经济发展提供有力支持。

第四，增强高校创新创业教育的国际竞争力。建立健全的质量保障机制，可以提高高校创新创业教育的声誉和认可度，吸引更多的学生和教师参与其中。这对于高校的品牌建设和国际交流与合作具有重要意义，有助于提升高校在国际教育领域的地位和影响力。

二、质量保障机制的内容

（一）创新创业教育资源整合

在高校创新创业教育的质量保障机制中，创新创业教育资源整合起着重要作用。资源整合是指整合高校内部和外部的各类创新创业教育资源，以满足学生的学习需求和培养目标。在资源整合的过程中，可以采取以下几种措施：

一是建立健全创新创业教育资源库。高校可以整合校内各类创新创业教育资源，包括学术课程、创业实践基地、科研项目等，形成一个全面而系统的创新创业资源库。这样，学生可以更加便捷地获取所需的资源，提高学习和实践的效果。

二是与外部相关机构建立有效的合作关系。高校可以积极与政府、企业、行业协会等建立合作关系，共享各自的创新创业教育资源。例如，高校可以通过与企业合作开展实训项目，组织学生参观企业等，帮助学生更好地了解创业实践和市场需求。

三是建立导师制度，提供个性化指导。通过建立导师制度，高校可以将相关领域的专业人士引入创新创业教育中，为学生提供个性化的指导。导师可以根据学生的兴趣、能力和创业项目的特点，为学生提供有针对性的指导，帮助他们克服困难，实现创业目标。

四是搭建在线学习平台。随着数字化技术的发展，高校可以利用在线学习平台整合和分享创新创业教育资源。学生可以通过在线学习平台学习相关知识、参与创业项目，与其他学生和导师进行交流与合作。在线学习平台不受时间和空间的限制，学生可以更加自由地获取丰富多样的创新创业资源。

（二）创新创业教育评价体系

创新创业教育评价体系作为高校质量保障机制的重要组成部分，是为了有效评估高校创新创业教育的质量，并提供有针对性的改进建议。在构建创新创业教育评价体系时，需要考虑以下几个方面的内容：

第一，评价体系应具有科学性和全面性。科学性是评价体系的基础，需要符合相关教育原理和评价理念。全面性是指评价体系应覆盖创新创业教育的方方面面，包括教学内容、教学方法、师资力量、教学资源等，以确保评价创新创业教育的各个方面。

第二，评价体系应具有可操作性和针对性。可操作性是指评价体系的指标和方法应适用于高校，且便于在高校实施。针对性则是指评价体系需要根据不同高校的特点和实际情况进行差异化设计，以便更有效地评价创新创业教育的质量。例如，评价指标可以包括学生的创业能力、创新项目的成果转化率、创业实践的成功案例等，这些指标将有助于衡量创新创业教育的实际效果。

第三，评价体系应做到信息公开和具有可参与性。信息公开是评价体系的重要特点之一，高校应对评价体系的设计和结果进行公开，以便学生和社会公众了解创新创业教育的质量状况。可参与性则是指评价体系需要多方参与，包括学生、教师、校外企业等，以确保评价的客观性和多维度性。

第四，评价体系应具有持续改进性和适应性。随着时代和社会的变化，创新创业教育也需要不断改进和适应。评价体系作为反馈机制，应及时收集学生和教师的反馈意见，进行持续改进。同时，评价体系也需要灵活调整，以适应创新创业教育实践和需求的不断变化。

（三）创新创业教育引导与激励机制

创新创业教育引导与激励机制是高校创新创业教育质量保障机制中至关重要的一环。它旨在通过引导和激励学生的创新创业行为，培养学生的创新创业能力和意识，并为学生提供合适的资源和支持，从而推动高校创新创业教育的有效实施。

在创新创业教育引导方面，高校需要通过设置有针对性的课程、活动和项目，来引导学生积极参与创新创业实践。例如，开设创新创业导论课程，让学生了解创新创业的基本概念和核心要素；组织创新创业竞赛和挑战赛，激发学生的创新创业热情；建立创新创业实践基地，为创新创业项目的"孵化"和实施提供支持。通过这些引导措施，学生可以全面了解创新创业，积累相关经验，为他们未来的创业之路奠定坚实的基础。

在创新创业教育激励方面，高校应该采取多种激励机制来鼓励学生积极参与创新创业活动。首先，可以设立创新创业奖学金，对在创业项目中表现优秀的学生进行奖励。其次，可以设立创新创业实践学分，将学生在创新创业实践中取得的成果纳入学分体系。最后，可以通过与企业合作或成立创新创业基金，为学生提供经济支持和创业资源，引导他们更加积极地进行创新创业。

创新创业教育引导与激励机制的实施不仅需要高校的积极推动和支持，也需要各个相关部门的配合。高校可以与企业、科研机构、投资机构等组织建立良好的合作关系，共同为学生提供创新创业资源和机会。此外，高校还应加强对学生的跟踪和评估，及时了解其创新创业情况，为其提供个性化的引导和激励措施。

（四）创新创业教育监管机制

创新创业教育监管机制也是高校创新创业教育质量保障机制中重要的一环。它主要通过建立监测、评估和督导机制，来确保创新创业教育的有效实施和质量提升。

首先，创新创业教育监管机制需要建立科学的监测和评估体系。监测机制可以通过设立监测点、制定监测指标、搜集数据等方式，对创新创业教育的进展情况进行实时了解。评估机制则可以通过定期的评估活动，对创新创业教育的效果进行综合评价。监测和评估的结果可以为高校制定创新创业教育的发展战略提供依据。

其次，创新创业教育监管机制需要建立有效的督导机制。督导需要专家、教育管理者和企业代表等多方参与，他们要对高校的创新创业教育进行定期的督导和反馈。督导可以帮助高校发现问题、解决问题，并提供改进建议。同时，督导还可以促使高校提升创新创业教育的质量，推动创新创业教育的深入开展。

最后，创新创业教育监管机制还需要完善相关的法律法规和政策。相关部门通过制定明确的法律法规和政策文件，明确创新创业教育的目标、任务、标准和责任等，为创新创业教育的实施和监管提供法律依据和政策支持。同时，还要建立健全的监管机构和运行机制，明确各级监管部门的职责和权限，确保创新创业教育监管工作的顺利进行。

三、质量保障机制的实施效果

（一）学生创新创业能力的提升

在高校创新创业教育的质量保障机制中，学生创新创业能力的提升是一个重要的方面。为了保证学生能够得到有效的培养，高校需要采取一系列措施：

第一，做好创新创业教育的顶层设计。这包括明确学习目标、设置创新创业课程以及制定评估标准。通过明确的目标和标准，学生可以清楚地了解自己需要达到什么样的水平，这有助于激发学生的学习动力。

第二，在课堂教学中注重学生的主动参与。传统的教学模式强调教师的灌输式教学，但在创新创业教育中，学生的主动探索和实践非常重要。因此，教师需要鼓励学生思考问题、提出解决方案，并通过项目实践来锻炼学生的实际操作能力。

第三，提供创新创业资源和搭建创新创业平台。高校应该为学生提供创新创业的机会和资源，如创业孵化器、创业实践基地等。这些平台和资源可以帮助学生将理论知识应用到实际中，培养学生的团队合作能力和创业精神。

第四，评估学生创新创业能力的提升效果。教师可以通过学生作品、实践项目等来评估学生的创新创业能力。通过评估，教师可以及时发现学生的不足之处，并采取相应的措施进行改进。

（二）教师队伍素质的提升

在高校创新创业教育的质量保障机制中，教师队伍素质的提升是至关重要的。教师只有具备高水平的专业知识、丰富的实践经验和创新创业能力，才能将相关知识和技能有效地传授给学生，从而提高学生的创新创业能力。

首先，在教师队伍素质提升方面，高校要加强对教师的培训和教育。通过开展专业知识和教学方法的培训，教师可以提高教学能力。同时，还可以组织教师参与相关的学术研究和实践活动，培养他们的实践能力和创新精神。此外，高校还可以邀请行业专家、成功的创新创业者等来校举办讲座和开展交流活动，为教师提供更广阔的视野和思路。

其次，高校应该建立健全激励机制，鼓励教师积极参与创新创业教育。高校应设立奖励制度，对在创新创业教育方面做出杰出贡献的教师给予表彰和奖励，激发其热情和积极性。同时，高校还可以加大对教师的支持力度，为教师的教学和科研工作提供良好的工作平台和环境。

最后，高校应该加强与外界的合作与交流，吸引更多优秀的专家和学者来校任教或合作研究。高校可以通过与企业合作项目、实践教学等，让教师参与创新创业活动，不断提升教师队伍的素质和实践能力。此外，高校还可以积极引进国内外的优秀教师，优化教师队伍的结构，促进教师之间的交流和互相学习。

总之，提升教师队伍的素质是高校创新创业教育质量保障机制中的重要环节。高校应该通过加强对教师的培训、建立激励机制以及加强与外界的合作与交流等，不断提高教师的学术水平、实践能力和创新创业能力，确保教师队伍的素质能够满足高校创新创业教育的需求，更好地为学生创新创业能力提升提供保障。

（三）教育质量的提高

教育质量的提高是高校创新创业教育质量保障机制的重要目标之一。实施有效的质量保障机制可以推动教育质量的不断提升，为学生提供更优质的创新创业教育。

首先，加强教师培训和发展是提升教育质量的关键。高校应注重培养教师的创新创业素养和教育教学能力，为教师提供专业化的培训机会和发展空间。通过定期的教师培训和持续的专业发展计划，教师能够更新自己的知识和教育理念，不断提高自身的教育教学水平，进而提升创新创业教育的质量。

其次，建立多元评估体系也是提高创新创业教育质量的有效手段。高校可以通过学生评价、同行评审、行业认可等多种渠道获得对教育质量的反馈和评估。学生评价可以直观地反映学生对教育过程和教育成果的满意度；同行评审可以实现教育教学的互评互学，使教师不断调整教学方法；行业认可则能够体现高校创新创业教育的实际效果和应用价值。通过建立多元评估体系，高校能够全面了解教育质量的现状和不足之处，并有针对性地采取措施进行改进，从而提升整体教育质量。

最后，注重教学资源的优化配置也是提高教育质量的重要环节。高校应确保教学资源的充足和合理利用，包括教室设施、实验设备、图书资料、创业实践基地等。优化资源配置可以为学生提供良好的学习环境和实践条件，有利于学生的全面发展和创新创业能力的培养。此外，高校还可以与企业合作，共享资源，为学生提供实时的行业信息和实践机会。

　　总的来说，教育质量提高是高校创新创业教育质量保障机制的核心内容之一。通过加强教师培训和发展、建立多元评估体系、优化教学资源配置，高校能够实现教育质量的持续提升。

第五章 高校创新创业教育的评价体系与评估方法

第一节 高校创新创业教育的评价体系

一、高校创新创业教育评价体系的意义

高校创新创业教育评价体系的建立和运用对于推动高校创新创业教育的发展具有重要意义。

第一，高校创新创业教育评价体系有助于高校明确创新创业教育的目标和要求。制定明确的评价指标和标准，可以确保高校创新创业教育的内容和教学质量符合相关的要求。这对于提高学生的创新创业能力和素质至关重要。

第二，高校创新创业教育评价体系可以促进高校创新创业教育的改进和优化。高校可以利用评价体系对其创新创业教育进行全面的评估和分析，发现存在的问题和不足之处。在此基础上，高校可以采取相应的改进措施，从而提升高校创新创业教育质量，促进创新创业教育的发展。

第三，高校创新创业教育评价体系还可以提升高校创新创业教育的影响力。一个完备的评价体系可以为高校创新创业教育的质量和水平提供客观的评价依据，提高社会对高校创新创业教育的认可度和信任度。同时，高校创新创业教育评价体系还有利于高校间的比较和竞争，促进高校创新创业教育质量不断提高。

第四，高校创新创业教育评价体系还可以为学生提供有针对性的指导和支持。通过评价体系，教师可以对学生的创新创业能力和素质进行评测，帮助学生更好地了解自身的优势和不足，并有针对性地提供培训和辅导。这不仅有助于学生的个人发展，也有利于高校培养更多具备创新创业能力的人才。

二、高校创新创业教育评价体系的设计原则

（一）科学性原则

科学性原则是创新创业教育评价体系设计的基础。科学性原则要求评价体系的设计和实施要符合科学的原理和方法，确保评价结果的客观和准确。

首先，评价指标的选择要科学合理。评价体系应该包含全面、具体、可度量的指标，指标要能够全面反映学生的创新创业能力。在选择指标时，需要参考相关的学术研究和实践经验，充分考虑评价对象的特点和目标的需求。

其次，评价方法要科学可靠。评价方法应基于科学的理论和经验，具备有效、可靠、公正、可操作等特性。例如，可以采用问卷调查、小组讨论、案例分析等多种方法来收集、分析和解释评价数据，以确保评价过程的科学性和可靠性。

最后，评价结果的解释和应用也要基于科学的分析和判断。评价结果应该能够对创新创业教育提供有价值的反馈，并为进一步提升创新创业教育质量提供科学依据。

科学性原则对于高校创新创业教育评价体系的有效性和可信度至关重要。只有建立在科学的基础之上，评价体系才能真正客观、准确地反映学生的创新创业能力。同时，高校创新创业教育评价体系设计的科学性原则也可以提高评价体系的可比性和通用性。不同高校之间的评价结果可以进行比较，这能促进创新创业教育质量的提升。因此，在创新创业教育评价体系的设计中，必须充分重视科学性原则，以确保评价体系的科学性和有效性。

（二）动态性原则

在设计高校创新创业教育评价体系时，动态性原则是一个非常重要的设计原则。动态性原则意味着评价体系应具备适应变化和发展的能力，能够及时反映创新创业教育的最新动态和趋势。

第一，动态性原则要求评价体系能够及时捕捉到创新创业教育领域的新发展和新成果。创新创业教育是一个不断发展和变革的领域，新的教学方法、新的实践活动和新的课程内容不断涌现。评价体系应该具备收集、整理和更新这些新信息的机制，以保障评价结果的准确性和时效性。只有这样，评价体系才能与时俱进，才能保持与创新创业教育的实际高度契合。

第二，动态性原则要求评价体系能够适应创新创业教育的不断变化。创新创业教育领域的变化是多样的，如新的政策法规、社会需求的变化以及行业、科技的发展等。评价体系应该具备灵活性，能够快速调整或修改评价指标和标准，以适应这些变化。只有这样，才能保证评价结果的客观性和有效性。

第三，动态性原则要求评价体系能够关注学生的发展轨迹和变化趋势。创新创业教育的目的是培养学生的创新创业能力和素养，在这个过程中，学生的成长是十分关键的。评价体系应该能够全面、系统地记录和分析学生的学习表现和发展情况，并为他们提供有针对性的指导和支持。

第四，动态性原则要求评价体系能够促进创新创业教育的持续改进和优化。评价结果能够提供教学质量、师资培训、教学资源等方面的反馈，为创新创业教育的发展提供参考和依据。同时，评价体系也应该建立起一个反馈和改进的机制，通过教师和学生的参与，推动各个环节的持续改进和优化。

（三）可操作性原则

在设计高校创新创业教育评价体系时，可操作性原则是一个至关重要的原则。可操作性原则能确保评价体系在实际应用中被有效执行，能提供真实可行的操作指南和操作方法。

首先，可操作性原则要求评价体系的指标具有可度量性和可操作性。评价指标必须能够被量化，并且能够通过具体的操作步骤进行测量和评估。例如，在评价学生的创新能力时，评价指标可以包括创新项目完成数量、创新项目的实际效益等，这些指标可以通过具体的问卷调查、项目报告等方式进行测量和评估。

其次，可操作性原则要求评价体系的指标具有可比性和可验证性。评价指标应具有一定的可比性，不同高校之间的评价结果可以进行对比。同时，评价指标也需要具有可验证性，即其他研究者或评价者能够通过相同的方法和数据对评价结果进行验证。这样可以增强评价体系的可信度和科学性。

最后，在考虑可操作性原则时，还需要关注评价体系的时效性和适应性。时效性要求评价体系可以随着创新创业教育的发展而不断更新和完善。评价指标应能够及时反映创新创业教育的变化和发展趋势。适应性则要求评价体系能够适应不同高校的特点和需求，因为不同高校在创新创业教育方面的重点和特色可能存在差异。评价体系需要进行灵活的调整，以适应各高校的实际情况。

总之，可操作性原则是高校创新创业教育评价体系设计的重要原则之一。在设计评价体系时，教师应该充分考虑可操作性原则的要求，以确保评价体系的科学性和实用性。

三、高校创新创业教育评价体系的内容

（一）大学生创新创业能力评价

大学生创新创业能力评价是高校创新创业教育评价体系的重要组成部分。评价大学生的创新创业能力旨在了解大学生在创新和创业方面的表现，并为大学生提供有针对性的培养和提升方案。在确定大学生创新创业能力评价指标时，需要考虑一系列因素。

首先，评价指标应涵盖大学生的创业意识和创造力。创业意识是指大学生对创业的认知和理解程度，包括对市场需求的洞察力、创新思维能力以及对风险和挑战的应对能力。而创造力则是指大学生在解决问题、开展创新创业活动时的独特见解和创新能力。评价指标可以包括大学生参与创新创业项目的经历、创新创业思维的表现以及创新创业比赛的获奖情况。

其次，评价指标还应包括大学生创新创业能力的培养情况和大学生创新创业的实践经验。创新创业能力的培养情况需要结合具体的课程设置和教学方法来进行评价。这包括对大学生参与创新创业课程的情况、课程设计与实施情况的评估。评价指标还可以考查大学生在创新创业实践中所展现的团队协作能力、项目管理能力和创新思维的应用情况。

最后，评价指标还需要考虑创新创业教育环境对大学生能力培养的影响。创新创业教育环境评价的指标可以包括创新创业教育的师资队伍和教学资源、创新创业教育的政策和校园氛围等。这些因素对于大学生创新创业能力的培养有着重要的影响，因此这些因素对于评价大学生的创新创业能力来说，也是不可忽视的。

（二）创新创业课程设置及教学评价

创新创业课程设置及教学评价是高校创新创业教育评价体系的关键内容之一。在评价体系中，对创新创业课程的设计和教学质量进行评价具有重要意义。下面来探讨创新创业课程设置及教学评价的内容：

首先，创新创业课程设置是高校创新创业教育的基石。在构建评价体系时，应对创

新创业课程的设计进行全面而细致的评价。创新创业课程的设计应涵盖课程的目标与目的、课程的内容和形式、教材和教学资源的适用性等方面。评价应重点关注课程的针对性、实用性和创新性。针对性意味着课程应该满足学生和社会的需求，能够培养学生的创新创业能力。实用性意味着课程应该符合实际情况，能够培养学生实际操作的能力。创新性意味着课程应该具有创新的教学内容，能够培养学生的创新思维和创新意识。

其次，创新创业课程的教学评价是评价体系的重要组成部分。对创新创业课程的教学质量进行评价，可以为高校教学提供改进意见。在评价过程中，应充分考虑学生的反馈信息和教师的教学能力。学生的反馈信息可以通过调查问卷、讨论等方式来获取，通过对获取到的信息进行整理可以了解学生对于课程的满意度。教师的教学能力可以通过教学观察、教学成果评估等方式进行评价，对教师的教学能力进行评价可以了解教师对创新创业知识的掌握程度以及教学方法的有效性。

最后，创新创业课程的教学评价还应该与创新创业实践相结合。课程内容与实践活动相结合，可以更好地培养学生的创新创业能力。教学评价应该重视学生在实践中的表现，这样可使教师更加了解学生的实践活动能力。

（三）创新创业实践活动评价

创新创业实践活动是高校创新创业教育的关键环节之一。为了有效评价学生在实践活动中的表现和能力，高校需要构建科学合理的评价体系。下面从不同的角度来探讨创新创业实践活动的评价：

首先，创新创业实践活动评价可以从学生的实践成果出发，对其创新创业能力进行评价。学生在创新创业实践活动中所取得的实质性成果反映了其实际动手能力、项目管理能力等。评价可以从成果的原创性、实际应用价值、市场可行性等多个角度进行，以确保能对学生真正的能力进行客观、全面的评估。

其次，创新创业实践活动的评价还应该着重考虑学生在实践中表现出的创新思维能力、团队合作能力等。创新创业活动通常需要学生具备较强的创新意识和创业精神，能够克服困难并与他人进行良好的合作。因此，评价体系应包括评价学生的创新表现、项目团队合作能力等内容，以全面评估学生的实践能力。

（四）创新创业教育环境评价

在高校创新创业教育评价体系中，创新创业教育环境评价的重要性不可忽视。创新创业教育环境是指高校为学生提供的各类资源和条件，以确保学生能够培养创新创业能力和开展创新创业实践。评价创新创业教育环境，旨在客观评估高校提供的资源是否充足、是否能够满足学生的需求，并为改进和提升创新创业教育环境提出建议。

第一，评价创新创业教育环境应该关注创新创业实验室的物质资源配备和利用情况。创新创业实验室是学生进行创新创业实践的场所，它的建设和管理对于学生的创新创业能力培养至关重要。评价创新创业实验室时，应该考虑其设施的完备性，以确保能够满足学生进行各种实践操作的需求。此外，创新创业教育环境评价还需要评估创新创业实验室的管理机制和资源利用效率，以确保学生能够得到良好的学习和实践环境。

第二，创新创业园区评价也是创新创业教育环境评价的重要组成部分。创新创业园区是学生进行创新创业实践的平台，它为学生提供了与企业合作、开展项目和产品研发等机会。评价创新创业园区时，应该考虑高校与企业的合作关系和项目开展情况。例如，企业是否有合适的导师对学生进行实践指导，是否能够提供良好的创新创业项目资源等都是评价的重要指标。

第三，评价创新创业教育环境时还应该关注创新创业教育人才培养机制的建立和实施情况。高校应该通过建立导师制度、开展创新创业导师培训等方式，为学生提供良好的指导。评价创新创业教育人才培养机制时，可以从导师的资质和学术水平、指导学生的实践经验等方面进行评估。

第四，评价创新创业教育环境还需要考虑学生创新创业思维和意识的培育情况。高校应该通过课程设置和教学方法的创新，促使学生形成创新创业思维和意识。评价创新创业教育环境时，可以从教育方法的多样性和创新性、学生的创新创业实践成果等方面进行综合评估。

四、高校创新创业教育评价体系的实施路径

（一）建立专业的评价团队

为了确保高效的评价体系的实施，建立专业的评价团队至关重要。评价团队应由相关领域的专家和教育管理人员组成，能够提供丰富的经验和专业知识。评价团队需要具备教育研究、创新创业领域知识以及教学评估的专业背景，能够了解高校创新创业教育的特点和需求。

第一，评价团队成员应具备较强的专业素养和扎实的学术功底。他们应当对创新创业教育领域有深入的了解，并且熟悉国内外相关的评价体系和指标。这样才能确保评价团队能够准确把握评价的关键指标，有效开展教育评价工作。

第二，评价团队成员应当具备较强的跨学科能力。高校创新创业教育涵盖了多个学科，包括管理学、经济学、心理学等。评价团队成员应掌握不同学科的专业知识，能够综合考虑创新创业教育多个方面的因素，提供有针对性的评价意见。

第三，评价团队成员应当具备较强的团队合作能力和沟通能力。建立创新创业教育评价体系需要团队成员之间进行密切的合作，包括评价标准的制定、评价程序的安排以及评价结果的整理和汇报等。团队成员需要有效地沟通，确保评价工作的顺利进行。

第四，评价团队应当不断更新知识和技能。创新创业教育发展迅速，评价团队需要不断学习最新的理论知识和总结新的实践经验，以确保其评价工作具备前瞻性和有效性。团队成员可以通过参加学术研讨会、培训课程、专业交流会等方式，提高自身的专业素养和评价能力。

（二）制定详细的评价标准

在高校创新创业教育评价体系的实施路径中，制定详细的评价标准是至关重要的。评价标准的制定需要考虑到高校创新创业教育的目标和特点，以及评价的全面性、客观性和科学性。针对不同的高校和专业，可以根据实际情况制定具体的评价标准，以确保评价的准确性和可操作性。

第一，在制定评价标准时，高校应综合考虑学生的创新创业能力、知识水平、实践经验，以及创业项目的质量等。评价标准可以包括学生表现出的创新能力、创业项目的市场竞争力和原创性等。只有将这些合理地融入评价标准中，才能真正反映出学生在创新创业教育中的实际表现和发展水平。

第二，在制定评价标准时，高校应明确评价的指标和要求。评价指标应详细，以便评价团队能够根据指标进行评价。例如，对于学生的创新能力，评价指标可以包括创意思维能力、团队合作能力、解决问题的能力等。评价要求应具体、明确，如对于创新能力，可以要求学生能够提出创新点子、独立开展项目等。

第三，评价标准的制定还可以参考相关的国家标准和行业标准，以确保评价的科学性和权威性。借鉴和参考其他高校和领域的评价标准，可以帮助高校更好地制定适合自身情况的评价标准，提高评价的有效性和公正性。

第四，在制定评价标准时，高校还应进行反复的修订和完善。评价标准的制定并非一蹴而就，需要经过不断的实践和调整。高校可以通过不断地探索和实践来验证评价标准的科学性和有效性，及时对标准进行修订和完善，以适应创新创业教育的发展和需求。

（三）实施定期评价与反馈

为了确保高校创新创业教育评价体系的有效实施，定期评价与反馈是非常重要的步骤。定期评价与反馈可以帮助高校了解评价体系的运行情况，及时发现问题并进行调整和改进。

在进行定期评价与反馈时，高校需要建立完善的数据收集和分析机制。高校可以通过问卷调查、实地考察等多种方式收集教育评价数据。数据收集完成后，评价团队应对数据进行分析和解读，提取有用的信息，并根据评价结果，为高校的创新创业教育提供及时的反馈和改进建议，以便不断提高创新创业教育的质量和效果。

评价与反馈应是一个可持续的循环过程。高校应通过定期的评估和调整来不断完善评价体系，以满足创新创业教育的变化和发展。评价结果和改进建议应及时反馈给教师和学生，推动他们进行自我反思和自我提升。同时，高校还可以将评价结果与其他高校进行比较和交流，借鉴其先进经验和做法，进一步提高创新创业教育的水平和质量。

第二节 高校创新创业教育效果的评估方法

一、问卷调查法

（一）问卷调查法的流程

1.确定调查目标与问题

在进行问卷调查的过程中，研究人员首先需要明确调查的目标和问题。这包括明确研究的目的、创新创业教育的评估方向和需要解决的问题。只有明确调查目标与问题，才能设计出有针对性的问卷。

2.选择受访者样本

在进行问卷调查时，研究人员需要选择合适的受访者样本。这要根据调查目标与问题的要求，选择与创新创业教育相关的高校师生、校企合作人员、创新创业者等合适的受访者群体。合理选择样本，可以保证调查结果具有代表性和可靠性。

3.设计问卷结构与内容

设计问卷的结构与内容是进行问卷调查的关键环节之一。应该根据调查目标与问题，将问卷内容分为不同的模块，并在每个模块中设置适当的问题。同时，还应注意问题的顺序、问题的形式和选项的设置。合理的问卷结构和内容设计，能够促使受访者准确、全面地反馈信息。

4.测试与修改问卷

在正式实施之前，研究人员应先进行问卷的测试与修改。给一小部分受访者填写问卷，可以检验问卷的问题是否清晰、选项是否合理。根据测试的结果，对问卷进行必要的修改和完善，以提高问卷的质量和适用性。

5.实施问卷调查

在完成问卷设计后，研究人员需要组织调查人员实施问卷调查。这包括向受访者发放问卷、解释问卷的目的和填写方法等。回收问卷后还应该将其妥善保管，确保数据的安全性和保密性。

6.数据收集与整理

在问卷调查结束后，研究人员需要对收集到的数据进行整理和归纳。这包括对填写错误、不完整和无效的问卷进行筛选和排除，以及对有效问卷的数据进行编码与存储。数据整理可以为后续的数据分析和结果报告提供可靠的依据。

7.数据分析与结果解读

常用的数据分析方法包括统计描述、相关性分析、因子分析等。数据分析方法有助于研究人员获取关于高校创新创业教育效果的量化和描述性信息，并结合调查目标和问题，解读数据结果，得出评估结论和建议。

合理设计问卷调查的流程与关键环节，能够确保问卷调查的科学性和有效性。然而，在实施问卷调查的过程中可能会遇到一些问题，如样本选择偏差、受访者回答不真实等，这需要研究人员在设计和执行过程中加以解决和规避。合理应用问卷调查法，可以为高校创新创业教育效果评估及改进提供有力的支持和指导。

（二）问卷调查法的优势

在高校创新创业教育效果评估中，问卷调查法被广泛运用。问卷调查法在高校创新创业教育效果评估中具有一些明显的优势。

第一，问卷调查法具有便捷性。相比于其他评估方法，问卷调查法不需要耗费大量的人力、物力，只需要设计好问卷并分发给相关的受访者，就能够很容易地收集到大量的信息。

第二，问卷调查法具有灵活性。研究人员可以根据具体的评估目的和问题，设计不同类型和形式的问卷，以满足不同的评估需求。

第三，问卷调查法具有客观性。问卷调查的设计通常注重客观性，通过多选、单选等问题类型收集受访者的观点，避免了主观性因素对评估结果的影响。

第四，问卷调查法具有匿名性。问卷调查法通常能够保护受访者的隐私，这使得他们能够更加自由地表达自己的意见，从而提高评估结果的准确性和可信度。

（三）问卷调查法的具体运用

在高校创新创业教育效果评估中，问卷调查法是一种常用的评估方法。它通过设计一份针对学生、教师或其他相关群体的问卷，收集他们对创新创业教育效果的看法、评价和体验，从而获得定量和定性的数据，为评估提供依据。

问卷调查法的具体运用是通过问卷调查评估高校创新创业教育对学生创业意识的影响。首先，设计一份针对在校学生的问卷，以了解他们对创新创业的认识和态度。问卷涉及创业意识的问题，如对创业的感兴趣程度、创业准备情况、创业机会的把握等。其次，通过对调查结果的统计和分析，得出学生创业意识的整体水平和特点。

例如，在问卷中有一道题目涉及学生对创新创业机会的认识程度，选项包括"了解并能把握创新创业机会""略有了解但缺乏具体行动""对创新创业机会知之甚少"。调查结果显示，大部分学生对创新创业机会的了解还比较有限，只有少数人能够真正把握创新创业机会。这一结果说明高校创新创业教育在培养学生对创业机会的认识能力上还存在不足。

另外，问卷调查法还可以通过开放性问题收集学生的意见和建议。在问卷中，可以设置一个让学生自由发挥的问题，如"提出对高校创新创业教育的期望和改进意见"。通过分析这些意见，研究人员可以了解到学生对于创新创业教育内容、形式、资源等方面的需求和想法，从而为高校改进创新创业教育提供参考和指导。

二、案例分析法

（一）案例分析法的研究对象和研究范围

案例分析法作为一种定性研究方法，被广泛应用于高校创新创业教育效果评估的研究中。在确定案例分析法的研究对象和研究范围时，研究人员首先需要明确研究的目的和重点。研究目的是指评估高校创新创业教育效果的具体目标，而研究重点则是指研究要关注的具体问题或者内容。

在确定研究对象时，研究人员可以从不同角度和层次来选择案例。一种常见的选择方式是按照高校的类型，如综合大学、职业技术学院、科研院所等，对研究对象进行分类；另一种选择方式是根据创新创业教育的模式，如孵化器模式、课程开发模式等，来确定研究对象。

研究范围的确定需要考虑时间、空间、人群等因素。在时间上，可以选择不同年代、不同阶段的高校创新创业教育进行比较研究。在空间上，可以选择不同地区、不同类型的高校进行跨区域的比较研究。在人群上，可以选择不同专业领域的学生、教师，或者参与创新创业教育的不同群体进行研究。

在确定研究对象和研究范围之后，需要有明确的研究框架和研究问题。研究框架可以按照案例分析方法的基本步骤进行建立，如明确案例选择的标准、确定案例收集的途径以及案例分析的指标等。研究问题则可以从创新创业教育效果的不同维度和方面出发，如学生创新能力的提升、创新创业项目的成果转化等。

（二）案例分析法的实施过程

案例分析法是一种常用的研究方法，在高校创新创业教育效果评估中发挥着重要作用。下面介绍案例分析法在创新创业教育效果评估中的实施过程：

第一，确定研究对象和研究范围是案例分析法的基础。在高校创新创业教育效果评估中，可以选择一所具有代表性的高校作为研究对象，并确定研究范围为该高校的创新创业教育项目或课程。

第二，进行案例收集和筛选。在这一过程中，研究人员可以通过收集相关的文献资料、调研数据以及高校的内部报告等，来获取关于该高校创新创业教育效果的案例。然后，根据研究目的和问题，对收集到的案例进行筛选，选择具有代表性和典型性的案例进行进一步研究和分析。

第三，进行案例分析。在案例分析中，研究人员可以采用多种分析方法，如比较分析法、因果分析法和分类分析法等，深入研究案例中的问题、经验和效果等。通过对案例的详细分析，研究人员可以获取更加全面的数据和信息，以保证对高校创新创业教育效果的评估准确。

第四，根据分析结果撰写评估报告。在报告中，研究人员应该清晰地描述所选案例的背景和特点，详细介绍分析过程和方法，并对案例中的问题和经验进行总结和归纳。此外，研究人员还可以结合相关理论和研究成果，对高校创新创业教育效果给出评价和改进建议，以期为进一步提升创新创业教育质量和效果提供参考。

（三）案例分析法的具体运用

案例分析法是对高校创新创业教育效果进行评估的重要方法，具有直观、具体的特点。下面通过一个具体的案例来说明案例分析法在高校创新创业教育效果评估中的具体运用：

研究人员选择某高校的创新创业教育项目作为研究对象，该项目已经持续开展了三年。通过对该项目的案例分析，研究人员可以深入了解高校在创新创业教育方面的实际情况，并从中得出一些有价值的结论。

在具体的研究步骤上，研究人员首先收集与该项目相关的资料，包括该项目的教育目标、教学内容、教学方法等。其次，研究人员进行面对面的访谈，采访参与该项目的教师和学生，询问他们在项目中的体验和收获。同时，研究人员还可以观察该项目的课堂教学和团队活动，以获取更多的信息。

通过对案例进行分析，研究人员发现该项目在培养学生的创新意识、团队合作能力和实践能力方面取得了显著的成效。学生通过参与该项目，能够提升自己的创新思维，培养解决问题的能力。同时，该项目注重团队合作，这也使学生能够有效地与他人合作，培养了学生的协作精神与团队意识。此外，该项目还通过组织实践活动，帮助学生运用所学知识解决实际问题，提高了学生的实践能力。

当然，在案例分析法的具体运用过程中，也会遇到一些问题和挑战。例如，如何确保案例具有代表性和可信度，以及如何综合多个案例进行分析和比较等。这些问题需要研究人员在研究过程中认真思考和解决。

综上所述，通过案例分析法的运用，人们可以深入了解该高校创新创业教育项目的实际情况，并从中获取有价值的教训和经验。但需要注意的是，案例分析法作为一种研究方法，其单独的评估结果并不能代表高校创新创业教育的效果。要想全面了解高校创新创业教育的效果，还需要结合其他研究方法进行综合评估和分析。

通过对高校创新创业教育效果的评估，人们可以发现其中存在的问题和不足，并基于评估结果提出相应的改进建议。例如，如果在创新创业项目"孵化"方面存在不足，高校可以有针对性地加强项目管理、提高导师指导水平等，以此来提高其创新创业教育的效果。

三、专家评估法

（一）专家评估法的主要内容

专家评估法是一种常用的评估方法，在高校创新创业教育效果评估中发挥着重要的作用。该方法是通过邀请相关领域的专家组成专门的评估团队，对高校的创新创业教育进行全面、深入的评估，从而客观地评价其教育效果。在高校创新创业教育效果评估中，专家评估法的主要内容如下：

第一，专家评估团队对高校的创新创业教育方案进行评估。他们会对高校的教学方案、师资队伍、教学资源等进行综合评估，以确定教育方案的科学性和合理性。通过专家的专业意见和建议，高校可以对教学方案进行优化和改进，以此来提高创新创业教育效果。

第二，专家评估团队对高校的创新创业教学过程进行评估。他们会对教学现场进行观察，与学生和教师进行交流，并进行学习成果和项目成果的评估。通过专家的评估，高校可以了解教学实施的情况，发现问题和不足之处，并及时采取措施进行改进。

第三，专家评估团队对高校的创新创业教育成果进行评估。他们会对学生的创新创业项目、科研成果、竞赛成绩等进行评估，以了解高校教育的实际效果。通过专家的评估，高校可以发现创新创业教育的优势和特点。

第四，专家评估团队对高校的创新创业教育管理进行评估。他们会对高校的创新创业教育管理体系、政策措施等进行评估，以确保管理的科学性和有效性。通过专家的评估，高校可以发现管理的不足之处，并进一步完善管理体系，提高创新创业教育的质量和效果。

（二）专家评估法的优势

专家评估法作为一种常用的高校创新创业教育效果评估方法，在实践中具有一定的优势。

首先，专家评估法能够汇集各个领域专家的知识和经验，确保评估结果的全面性和准确性。综合专家的意见和建议，高校可以综合考虑创新创业教育的各个方面，包括教学内容、实践环境、培养目标等，从而得出更为客观和全面的评估结果。

其次，专家评估法能够提供科学的指导意见和建议，对高校创新创业教育的发展具有重要的推动作用。专家评估法的特点在于其专业性和专门性，专家们在评估过程中不仅仅是简单地给出评分，更会针对创新创业教育的具体问题提出改进建议，这为高校创新创业教育质量的提高提供了科学的指导。

（三）专家评估法的具体运用

在高校创新创业教育效果评估中，专家评估法具有重要的作用。下面以某高校的创新创业教育项目为例，说明专家评估法在高校创新创业教育效果评估中的具体运用：

第一，专家组根据该项目的目标和重点，制定详细的评估指标和评分标准。评估指标包括该项目的实施情况、学生的创新能力和创业意识的培养情况；评分标准包括优秀、良好、一般和较差四个等级。专家组成员按照评分标准对各个指标进行评估，并完成评分表。

第二，专家组对该项目进行实地考察。他们深入该高校，实地观察该项目的教学环境、教学资源、教学方法等，并与该项目负责人、教师和学生进行交谈。通过实地考察，专家可以更加全面地了解该项目的实际情况，为评估提供更加真实的数据和信息。

第三，专家组进行案例分析。他们研读了该项目的相关材料和报告，并对参与该项目的学生进行了个别访谈。通过案例分析，专家可以深入了解学生创新创业的具体情况以及该项目的具体成果，这样在评估中可以更加客观地评价学生的能力和该项目的实施效果。

第四，专家组进行综合评估和汇总。他们根据实地考察和案例分析的结果，以及评估指标和评分表，对该项目的创新创业教育效果进行综合评估。专家利用自身专业的知识和丰富的经验，对各个指标进行权重分配并进行评分，最终形成评估报告。

第六章 高校创新创业人才培养的体系与实施

第一节 高校创新创业人才培养的业务规格

一、突出实践的能力

创新创业人才如果已经具备了有关创业方面的理论知识和实践知识，那么就应该将理论知识和实践知识进行整合，在实际的工作过程中应用理论。只有在实际工作中应用理论，创新创业人才才能够将理论知识转换成实际的创新能力，才能学以致用；也只有在应用的过程中，创新创业人才才能激发自己的独立思考能力，运用自己的创造性思维去分析问题，在全面分析的基础上提出解决问题的具体办法，获得解决问题、处理问题的相关能力。

二、创新意识较强

第一，创新思维要新颖、独特。创新创业人才要突破社会的限制，提出新颖的、独特的见解。与他人不同的创造性想法、创造性方案能够获得更好的效果。

第二，创业意识应该敏锐。在开展创新创业活动的过程中，创新创业人才应具有创业意识。创业意识包括善于发现商机的意识、能够把商机转换成生产力的意识、能够形成创业战略的意识、对风险的规避意识、爱岗敬业的意识等。创业意识主要表现有不满足于当前的发展现状、想要追求更加成功的创业结果、对创业始终有浓厚的兴趣、有相对稳定的创业理想。

第三，创业技能应该熟练。要想成为创新创业人才，就必须具备创新创业的技能。创新创业人才只有掌握了理论知识，才能在实践活动中不断地实现创业的经济价值，才能不断地应用新的方法，获得新的创业成果。对于创新创业人才来讲，应该具有一定的创新创业能力，在专业技能方面达到精湛的水平，并体现出高涨的创新创业热情。

第四，商业经营意识应该灵敏。创新创业人才要想让企业长久地发展，就必须及时抓住市场中的机遇，有足够灵敏的商业经营意识，能够从宏观角度分析经济环境，判断市场经济的走向，能够及时地将创新意识转化为商机，以此来保证企业的持续发展。经营意识的灵敏性要求创新创业人才会审时度势，能够灵活地制定经营策略，能够运用金融理论衡量企业经营中的利弊，同时还要诚信经营。

第二节 高校创新创业人才培养的具体模式

一、高校创新创业人才培养模式的特点

高校创新创业人才培养模式总体而言有以下特点：

第一，创新创业激情较高。学生创新创业的意愿普遍较强，想去创业的学生较多，怀揣着创业梦想的学生也较多。

第二，创新创业领域较宽。目前经济飞速发展，市场正在不断丰富，行业领域也更加多元化，如人工智能领域、服装设计领域、信息服务领域、食品加工领域等。

第三，对于创新创业更加理性。对于创新创业更加理性这种态度具体体现在学生对创业项目的选择上。学生不再盲目地选择市场上新兴的或是热门的产业，而是根据自己创新创业的目标来进行行业定位，从而更好地充实自己的创业知识，提高自己的创业能力，为自己创造更多的创新创业条件。

第四，政府部门高度重视。随着创新创业教育这一概念不断被提及，政府部门对此也表现出了高度重视的态度。为鼓励学生大胆创业，政府部门制定了许多对学生创业有

益的政策，给予了学生一定的扶持，为学生创造了一个重视创业的良好环境，促进了高校创新创业教育工作的积极开展。

第五，教师教学手段更加多样化。在创新创业教育课程的开展中，教师不再局限于"学生听教师说"的课堂模式。教师采用更多的教学手段，如将课堂与实践相结合，带领学生进行角色模拟，带其参加创业大赛，甚至让他们到企业实地见习；又或是在课堂上采用案例分析或师生互动的方式来调动学生的积极性，全面开展创新创业教育。

第六，创新创业教育的项目化。创新创业教育的项目化是指创新创业教育要通过竞赛项目和科研项目来开展，教师组织、指导学生积极参与各种竞赛、科研项目，从而有效提高学生的创新创业能力。

二、高校创新创业人才培养模式的理论

高校创新创业人才培养的目标是培养具备最基本的创业素质和开拓精神的人才，也就是从精神层面出发，使学生先拥有一定的创新意识，进而将创新意识落实到实践层面，最后使学生获得创新能力和创业技能。创新创业教育强调知识的传授、使用和转化，倡导学生在深厚的知识理论支撑上活学活用，是有的放矢地开展创新创业活动，而不是为了创新而创新，只注重表面形式、毫无底蕴支持的形式教育。

（一）成就需要理论与需求层次理论

所谓"需要"，主要是指个体在精神上或生理上感到某种缺失或不足时渴望获得满足感的一种常见的心理倾向。需要对人而言是较为重要的，这种心理倾向是支撑个体实践活动的力量源泉。人作为实践和精神活动极为发达的实体生物主要有两大需要：生存与发展。换言之，人在谋求生存的同时还需要追求高品质的生活和有价值的生命，生存需要是人的基本需求，发展需要是在生存之上追求价值和认同、爱和归属的更高层次的精神需求。这些需要往往产生于人们对现实生活感到不满足时，进而就会催生人们改变现实、改善生活的意识，这种意识能转化为强大的精神力量，推动个体将所思所想付诸行动，简言之，需要能推动个体的实践活动，具有丰富的现实价值。人类的需要是多样化的，然而，并不是所有的需要都能转化为推动现实实践活动的强大精神力量，那些尚未形成清晰意识的、强度较弱的需要就只是一种模糊的、不成熟的意向，并不能转化为

强大的精神力量，也不能发挥任何的推动作用。许多学生虽具有创业意向，但这种意向需求却是模糊不清的，他们缺乏正确的方向引导，也没能树立清晰的目标，因此，大多数学生的创业意向都没能落实。由此可见，创新创业教育的开展很有必要。创新创业教育通过系统的、专业的指导帮助那些具有创业意向的学生找到清晰的目标，强化学生的创业需求，让其形成清晰、有力的创业愿望，进而激活深层意识，引导学生将愿望付诸实践。简言之，创新创业教育就是推动学生把创业意向转化为创业动机，最终落实到创业实践上的教育活动。

另外，马斯洛的需求层次理论则更加细致地将人们的需求分为五个层次，即生理需求、安全需求、社交需求、尊重需求和自我实现需求，这五种需求由低到高、层层递进。自我实现需求作为需求层次中的最高一层，显然是物质需求得以充分满足之后的精神追求，是人们自我肯定的一种极致体现，有利于自我的持续发展和人格完善。总之，这五种基本需求是人类与生俱来的，它们能共同激励个体行为，对人的实践活动具有引导作用。

从理论上讲，只有较低一层的需求得以满足时，人们才会进一步追求更高一层的需求。由此可见，生理需求即人类最原始、最根本的需求，如吃饭、饮水、呼吸等都属于生理需求。安全需求顾名思义就是人类对安全稳定的环境的需求，有秩序的、稳定的环境能保护人们免受伤害。社交需求是指人们在人际交往方面的需求，包括社会环境和家庭环境等诸多方面。人类具有一定的群居性，故而交往需求必不可少，在与人交往的过程中，人们的感情得以寄托，如交友、恋爱等都是这种需求的主要呈现形式。尊重的需求包含两方面：一是人对自己的尊重，即自尊；二是人获得来自外界的尊重，即他人的尊重。这两种尊重有助于人们在日常生活和社会交往中提升自信，使其生活态度更加积极向上，从而为激发其创新意识和提高其创新能力提供可能。自我实现需求可以简单地理解为一种自我展示的需求，人在追求理想的过程中是渴望自己能够发挥一定作用的，这也就是对于自我价值得以实现的一种渴望。

另外，这些需求有明显的等级，生理需求是最基本的初级需求，其他四类需求依次递进，层次逐级递升，且某一层次的需求满足后，就会向更高层次的需求发展，次层次的需求被满足后并不会消失，而是会与更高层次的需求并存，只是对人的行为影响降低，因此，人的需求并不是单一呈现的，人在同一时期往往同时拥有多种需求，不同时期的需求也会有所改变，且在同时出现的诸多需求中始终有一种需求占主导地位，决定着人的实践活动。一般而言，这五种需求可大致归为两个大类，即较低层次的需求和较高层次的需求。其中，生理需求、安全需求和社交需求属于较低层次的需求，因为它们是偏向物质层面的；而尊重需求和自我实现需求则属于较高层次的需求，因为它们是偏向精神层面的。需要注意的是，人对较高层次的需求是无止境的。但这种层次划分并不是完全固定不变的，在一定条件下，需求的层级会随着人的具体需要而产生变化。

目前高校毕业生对于生活的追求，事实上几乎涵盖了马斯洛需求理论中的所有层次。例如，他们希望毕业之后找到一份收入可观的工作，这是其生理需求的反映；他们希望工作环境稳定、无风险，这是其安全需求的反映；他们希望与同学或同事相处融洽，进而建立起和谐的人际关系，这是其社交需求的反映；他们还希望在学习或工作过程中尽可能地施展自己的才华和能力，进而得到别人的认可或仰慕，这是其尊重需求和自我实现需求的反映。而创新创业不仅能实现学生基本的生存需求，还能满足其发展和精神需求，也就是说创新创业能帮助个体满足自身的五种基本需求，尤其是能让个体的自我价值得到最大实现。因此，高校开展创新创业教育，提高学生的创业意识和创业技能是十分必要的。创新创业教育不仅能帮助学生增长才干，实现自我价值，还能为社会发展提供人才，实现个体与社会的共同发展。

（二）系统科学论与人力资本理论

1.系统科学论

路德维希·冯·贝塔朗菲赋予了"系统"重要的意义，并进一步使其形成了明确的、科学的定义。"系统"在现代社会是十分常见的，它是现代社会的概念中心，社会生活所有领域的新概念、新观点、新思想的产生都是以"系统"为中心的。路德维希·冯·贝塔朗菲认为，系统的含义在于对一种相互关系的强调，任何看似彼此独立的事物之间，一旦建立起了适当的相互联系，那么它们就会被视为一个整体而加以研究，此时这个"整体"的概念即所谓的系统。"系统论"所蕴含的思想也正是这种整体思想，即将需要被研究的事物视为一个有机的整体，在整体的基本前提之下力求个体与群体、局部与全部之间的和谐统一，不断探索系统与环境、要素之间的关系，进而把握规律，优化系统。"系统论"主张所有系统都具备四大共同特性：整体性、层次性、结构性、开放性。基于"系统论"可以发现，"系统论"自身的适用范围广泛，从"系统论"的角度出发，系统是普遍存在的，世界上的任何事物都可以被视为一个系统。将"系统论"引入高校创新创业教育，可以将创新创业教育视为一个完整的系统，社区环境、社会环境等就是系统的外部环境，这种外部环境实质上掺杂了一定的人为因素。简言之，出于人才培养的目的，创新创业教育相关工作者会有意识地营造具备社会性质的氛围，或者带着功利目的去让创新创业者融入社会环境，此时的社会环境就相当于是一种"人工环境"。但事实上，创新创业者面临的社会环境是没有教育者人为干预的"自然环境"。创新创业者结束学校的教育后需要从理想的"人工环境"走向复杂的"自然环境"。

这种转变一方面对创新创业者提出了更高的要求，促使创新创业者不断提高自身心理素质，不断增强实践能力；另一方面也对高校创新创业教育的外部环境的设置提出了要求，"人工环境"不能脱离"自然环境"，二者应当保持密切联系。总而言之，创新创业教育的成功不仅有赖于创新创业者自身综合素质和综合能力的提高，还与社会环境等良好的外部环境有着密不可分的联系。由此可见，创新创业教育想要达到预期的教育成果，需要广泛的支持，仅仅依靠教育部门或者高校是远达不到培养创新创业人才这一目的的。创新创业教育一方面需要教育内部各要素的相互配合；另一方面还需要外部环境，如国家、社会、企业等的支持。创新创业教育是一个庞大而复杂的工程，只有多种因素共同协作，才能推进教育活动的有效实施。

2.人力资本理论

人力资本理论诞生于 20 世纪 50 年代末 60 年代初，由美国经济学家西多奥·舒尔茨和加里·S.贝克尔共同创立。但在这之前，人力资本的相关思想早已存在。例如，早在 1776 年，《国民财富的性质和原因的研究》（简称《国富论》）一书指出，知识和技能这种"无形"的个人所有物，事实上也应该被当作社会财富的一部分。究其本质，知识和技能这些东西也是个人通过自己的劳动所收获的，故而理应和财富位居同等地位。然而，1776 年以后，大多数人仍将资本的概念局限在非人力因素上，虽然也有将人（作为劳动力的人）和土地、资本共同视为重要的生产要素的观点，但实际上还是把人排除在资本之外，并未将个人获得的知识和技能看作社会资本的一部分。直到 20 世纪中叶，科技和生产力的不断进步让人力资本的重要作用逐步显现，经济学家们才开始关注到人力资本，并对其进行系统研究。

人力资本包括了人们自身拥有的知识和技能，以及其在劳动过程中的具体体现。西多奥·舒尔茨主张资本由人力资本和物力资本两方面构成，这两类资本既有共性也有个性。首先，人力资本和物力资本都与投资息息相关，这是二者的共性；其次，相对物力资本而言，人力资本的运用会更加灵活，基于人际交流的特殊性质，人力资本往往会取得更加高效的成果；最后，人力资本作为个体本身所固有的财富，是一种偏向精神层面的特殊产物，并不能像一般的物力资本那样任意转让或外借，这造就了人力资本的与众不同。人力资本作为一种人才质量方面的投资，对于经济生产起着非常重要的作用。从这个层面来讲，关于人才质量提升的重要性也就不言而喻。而关于人才质量的提升，其最根本也最直接的途径就是教育。

西方学者认为教育也是一种投资，它能直接影响社会经济增长，因为经济增长离不开劳动力的作用。教育能有效提升劳动力的质量，进而促进劳动生产率的提高，可以说教育是一种生产性投资。国家之间之所以会有强弱之分，在很大程度上源于其人口和劳动力的后天能力表现存在差异，而一个国家的人口与劳动力质量的差异实际就是后天获得的能力差异，这种后天能力的获得离不开教育，人们通过教育不仅能掌握丰富的知识、技能，还能有效提升个人的文化修养。因此，教育对于一个国家和民族而言是十分重要的，它不仅影响经济活动，还能推动政治、文化的演进与发展。

1989 年，面向 21 世纪教育国际研讨会在北京成功召开。会议以教育为核心议题，深入探讨了影响教育的诸多因素。其中，澳大利亚的埃利亚德博士在会上首次提出了"创业教育"的概念。在"创业教育"中，创新创业教育与传统学术教育和职业教育具有同等重要的地位，它是学生在学习生涯中一个新的方向。与传统学术教育和职业教育相比，它是培养适应现代社会人才的有效途径，对提高学生的个人能力和综合素质起着关键作用。高校创新创业教育的基本意义和终极目标是，深入分析一系列有关创新创业的理论知识，从而使学生认识创新创业的本质，获得创新创业所需要的必要技能，并增强积极的、健康的创新精神和创业意识，有效地培养学生从事实出发的创新创业能力、策划创新创业活动的能力，有效地提高学生的创新创业基本素质。

系统的创新创业教育在一定程度上能弥补创新创业者经验的不足，能有效开发创新创业者的创新创业技能。受过良好创新创业教育的高校毕业生，一旦在创新创业的过程中遇到经营上的困难，首先想到的不是退缩和放弃，而是迎难而上，有意识地思考和采取积极有效的措施解决问题，最终力挽狂澜、化险为夷。这种逆流而上的精神是创新创业教育的结果，也是创新创业过程中所需要具备的基本条件。因此，高校加强创新创业教育对个体和社会的发展都具有重要意义。

三、高校创新创业人才培养模式的策略

创新创业教育是促进学生全面发展的教育，其目的是培养符合新时期需求的社会主

义建设者与接班人。创新创业教育要想实现积极、健康的发展，其关键还在于人才培养质量的提升。因此，创新创业人才教育务必始终坚持"以人为本"的教育原则，不断丰富和完善有关创新创业人才培养的方法和途径，从而保证个体和社会的长足发展。

（一）创新创业教育的路径选择

创新创业是一个风险与收益并存的社会行为，有时它能帮助创新创业者迅速获得成功，但有时即使创新创业者付出巨大的努力也收获甚少，因此，高校在对学生开展创新创业教育活动时，要给学生树立正确的创业观，让他们正确认识创新创业。具体而言，创新创业的价值观主要有三种：一是纯粹的经济利益观；二是自我价值实现观；三是社会责任观。这三种价值观在现实社会中一般是相互交融、共同存在的。首先，创新创业教育需要帮助学生培养辨识能力，帮助他们认清哪些事情可以做，哪些不能做，并且积极鼓励学生从事正确的事业，通过诚实的劳动获得经济回报；其次，创新创业教育应引导学生树立远大目标，在满足初级的经济需求、自我价值需求后，还需要向高层次的社会责任需求过渡；最后，创新创业教育还需要培育学生敢于挑战、不惧失败的精神，创业之路往往伴随着挫折与失败，要提升学生的创业品格，让他们在艰辛的创业之路上有坚持不懈、勇往直前的意识。

（二）创新创业教育的路径设计

不同类型的高校在落实创新创业教育时体现出了层次性与差异化。高校应根据经济社会的发展与高等教育的实际情况，准确定位创新创业教育目标，并在创新创业教育的探索与实践中结合自身的发展进行调整，系统开展各方面工作。

1.明确目标路径，做好创新创业教育的顶层设计

（1）把握创新创业教育的丰富内涵

创新创业教育是适应经济社会和国家发展战略需要而产生的一种教学理念与模式，以培养学生的社会责任感、创新精神、创业意识和创业能力为核心，培养出能实施创新型创业活动、为社会带来经济效益和提供就业岗位的人才资本。关于创新创业人才的特质，大多数人认为：创新创业人才必须具备品德好、才智高、胆魄大等素质，富有创新创业精神和成熟的企业家思维，敢于在不同的社会领域，以自己的创造性劳动去认识并改造世界，且能对人类进步和社会发展做出较大贡献。教育者往往对创新创业教育有比较狭隘或偏颇的理解，即简单地把创新创业和发明新事物、创办新企业这样的概念等同

起来。事实上，创新创业教育的根本目的并不在于将每个学生都培养成有所作为的企业家，这也并非创新创业教育开展质量评判的标准。每个人都有自己擅长的领域和理想追求，从这个角度来讲，无法引导所有学生走上经商的道路。由此可见，如今被大力倡导和普及的创新创业教育，必然另有其深刻的含义。事实上，前面已经有所提及，当下的高校创新创业教育在很大程度上侧重于对学生创新创业意识的培养，创业技能训练的最终指向也在于精神层面，即培养学生与创新创业相关的一系列积极进取的精神，从而让学生在未来的职业生涯中更好地发挥自己的人生价值。

（2）明确创新创业教育定位

创新创业教育的开展，既是为了促进个人的能力提升，也是为了促进整个社会的长足发展，这与其他学科教育殊途同归。因此，创新创业教育有必要和专业教育充分结合起来，面向全体学生开展创新创业教育，任何教师、任何学科都能成为创新创业教育的实施载体，通过课程实践和课程教学将创新创业知识传递给学生。其他学科的教师虽然不能给学生提供太多关于创新创业方面的知识和经验，但是可以时时刻刻向其灌输创新创业的思想，使学生在浓厚的创新创业氛围中不断提高自觉性和主动性，进而不断进步，乃至朝着创新创业的道路发展。创新创业教育既要对学生的学习生涯负责，也要对教育事业的发展进程负责，任重而道远。当创新创业教育面向全体学生时，高校的相关课程设置和时间安排要更加科学合理。在科学合理的教育规划下，即便各个学生的兴趣爱好或发展情况不同，也终会在浓烈的创新创业氛围之下有所收获。

总而言之，创新创业教育对于高校教育意义非凡。从教育事业的发展角度来看，创新创业教育有利于培养出更多符合时代发展的新型人才，也有利于持续推进我国教育领域的改革进程；从学生个人成长的角度来看，创新创业教育有利于加强学生的创新意识和提高学生的实践能力，从而保证学生的优势得以充分发挥，兴趣得以发展，最终在职业生涯中使自己的人生价值得以充分体现。无论从哪一方面来看，创新创业教育都是促进高校教育走向高效率和高质量的重要途径。

（3）健全领导体制与工作机制

在构建工作体系和工作机制方面，高校应当充分考虑创新创业教育精神的灌输和创新创业氛围的营造。例如，某高校自上至下分别成立了多个与创新创业教育相关的管理部门，校长、学院领导、学生群体等均参与其中，从而形成了横向覆盖和纵向连贯的全面性发展网络，使全体师生都融入创新创业教育的科学管理体系中。

2.落实人才培养目标，构建创新创业教育新模式

高校在人才培养方面不断向需求特色化发展，创新创业教育则是高校特色育人的突破点之一，如某高校全方位、特色化、体系化的"3+2"创新创业教育模式。其中"3"为纵向创新创业教育体系，以创业意识教育、创业模拟教育、创业项目实践为主线贯穿学生学习的整个过程；"2"则为横向创新创业教育形式，与专业建设相结合、产学研相结合。

（1）在教育面上，做到"全覆盖"

创新创业教育的普及不仅需要全面，更需要趁早。将创新创业教育与高校的学科专业教育充分结合，有必要将创新创业教育落实到高校新生群体当中。学生一进入校园就接触创新创业教育，有利于创新创业教育的深入贯彻和长足发展，从而逐渐实现创新创业教育在高校教育中的"全覆盖"。

（2）在培养计划上，实现"全过程"

创新创业教育的发展应该从新生群体开始落实。通过这种方式，创新创业教育的内容能够自然而然地贯穿学生的整个大学生涯。因此，在学习内容的安排上，应注意层层递进，确保连贯性和深度。例如，对于新生群体，创新创业教育的内容应当以知识普及和意识培养为主；对于较高年级的学生，创新创业教育的内容应侧重于模拟训练和理论深入；对于毕业生而言，创新创业教育的内容应侧重于实际操作等更加切实有用的方面。各个阶段有各自的侧重点，纵向连贯起来又有层层深入的效果，因此高校在培养计划上应实现创新创业教育"全过程"的目标。

（3）在教学安排上，实行"分阶段"

依照"全过程"的学习思路，"分阶段"可以从意识培养、模拟训练和实际操作三方面展开。根据学生的兴趣发展和就业需求等信息，高校还可以将创新创业教育与专业教育相连接，进而使创新创业教育在更具阶段性的同时，也更具针对性。

（4）在教育方法上，采取"多形式"

除了在课程内容上的丰富，创新创业教育还应当注重教育形式的多样化。基于创新创业教育的实践性，创新创业教育显然不同于传统的教学模式，而是以针对性和实用性为原则，探求更多有效的教学途径。例如，名人讲座、创业竞赛、校企合作等，都不失为一种促进创新创业教育积极发展的科学方法。

（5）在育人理念上，采用"开放型"

所谓"开放型"，就是要强调"开放"二字，即加强与外界的联系和交流，避免发

展受到阻碍。应积极主动地学习或借鉴知名高校的先进理念、有效规划和管理机制等内容，并积极响应国家政策的号召，密切关注创新创业教育相关的市场动向，从而全面保障创新创业教育的开放性，促使其积极、健康发展。

第三节 高校创新创业人才培养的激励机制

激励机制是指在组织系统中，激励主体系统运用多种激励手段并使之规范化和相对固定化，而与激励客体相互作用、相互制约的结构、方式、关系及演变规律的总和。激励机制是企业将远大理想转化为具体事实的手段。激励是以人为主体，旨在发挥人的主观能动性，注重人性化的行为；而机制则是遵循事物发展客观规律的一种科学的系统。

激励机制是通过一系列客观、理性的制度来反映激励主体与激励客体之间相互作用的方法。激励机制一旦形成，会作用于系统本身的内部组织，使组织在特定状态下运行，并进一步影响其发展。激励有两个功能，即促进性和削弱性。激励促进作用是指通过一定的奖励使员工的行为被反复强化并不断加强，这样的奖励被称为良好的激励机制。当然，一个良好的激励机制应该有惩罚措施，制止不符合激励目标的行为。建立一种能够满足员工的需求并鼓励其行为的机制是成功的管理，然而，如果激励机制本身设计不当，或缺乏可操作性，则会降低员工的主动性，削弱激励效果，这就是激励机制的削弱功能。因此，应该及时总结不适合的激励机制，代之以有效的激励机制。

一、高校创新创业人才培养激励机制的实施步骤

激励机制有自己的运行模式，也就是激励的过程。激励机制有四个步骤：

第一，双向沟通。一方面，管理者可以了解被管理者的个人需求、职业规划等；另一方面，管理者可以向被管理者说明组织的行动目标等。

第二，各自行动。管理者根据个人的专长提出要求，布置任务；而被管理者开始以相应的方式行动。

第三，评估阶段。管理者定期对被管理者进行评估。

第四，奖励。管理者对于出色的被管理者，给予奖励、奖赏。

二、高校创新创业人才培养激励机制的实施对策

（一）高校实行大学生创新创业激励机制的内容

由于激励的重大功能，激励机制在高校的学生管理工作中得到推广。为了激励大学生开展创新创业活动，高校应该形成以精神、物质为主要形式的激励机制。主要包括开设激励课程、实施实践激励、设立奖学金、推行学分制、颁发奖状、公开表扬、就业推荐等。随着经济的发展，人才越来越多，竞争力越来越大，大学生对于奖励越来越重视。基于西方的综合激励理论，设计的激励机制应以实际操作性为主。

（二）高校大学生创新创业激励机制改进的对策

1.外部激励与内部激励相结合机制

鉴于内、外部激励的优点，只有采取外部激励和内部激励相结合的激励机制，才能更好地促进大学生创新创业。

（1）大量开设指导大学生创新创业的课程

高校的每个院系都要开设创新创业课程，课程类型包括必修课和选修课。高校的创新创业必修课不仅要普及创业的意义、创业的准备、如何创业等普遍性常识，激发大学生的兴趣，培养大学生的创业意识和精神；而且要教授相关案例，结合大学生所学专业讲述如何运用自己的专业知识，在自己熟悉的专业领域创新创业。其中对企业的创建和管理内容应该重点讲解，这样更能激发大学生浓厚的兴趣，提升他们创新创业的自信心。在高校的创新创业选修课方面，大学生可以根据自己的兴趣进行选择。当大学生创新创业的兴趣不在自己的专业领域时，可以选修这方面的课程。选修课会教授不同领域的创业准备、创业素质、创业过程和创业方法等，这些知识在校外很难学到，因此需要高校开发一些创业类的教材，包括对创新创业者个人性格和素质的评估、开发和训练，管理别人即策划、经营、经济、市场评估等。当然，选修课程的学分需要提高，以此来激励大学生选择该课程。

（2）多给大学生提供创新创业实践的机会

光听光看不足以激发大学生的兴趣，不足以渲染校园创新创业的气氛，高校需要给大学生提供实践的机会。兴趣需要在实践中慢慢产生，大学生自身的耐挫力、人际交往能力和心理素质都是在实践中得到锻炼和提升的，当大学生在实践中发现自己的素质得到了提高，会更加肯定自己，也会更积极地继续实践，这是一个良性循环，体现了外部激励和内部激励的融合。

让大学生参与到高校的日常事务和管理中去，激发他们的工作激情。大学生们都有兴趣参与高校的工作，愿意为学校贡献出自己的力量。在安排工作任务时，需要考虑每个大学生的兴趣和特长，以自愿为原则；工作需要在大学生的能力范围之内，但是又要有一定的挑战性；在选择大学生担任高校重要职位时，要考虑他们的创新创业成果，这样更能提高大学生的创新创业积极性。参与也是一种乐趣，参与给大学生提供了一种受到赞赏的机会，这种赞赏能满足人的心理需求。从选拔来看，对大学生而言，那就是老师和领导对他们的信任和肯定，这既起到了精神上的激励作用，又激发了大学生的实践热情，增强了大学生的责任感。

高校内设立"创业区"，大学生可以把高校当作一个"社会"，高校应鼓励大学生在"创业区"内打开自己的思维，张扬个性。在创业区内，大学生可以运用自己的聪明才智和创造力，创建各种小企业、小公司。另外，高校应给大学生提供与真实社会接触、联系的机会。高校可以建立大学生创新创业社团、创业校友联合会、创业咨询机构以及与校外的企业或社会组织合作等，大学生可以到这些组织中去学习、实习和服务。这些举措可以在课余时间和假期进行，不仅不会耽误大学生完成学校的课程，而且为大学生提供了实践的机会。在实践中，表现优异者可以获得学分、奖学金和奖状等，这也是高校和企业对其的认可，对大学生有一定的激励作用。

（3）运用赞赏和晋升等手段，提高大学生参与创新创业活动的积极性

在组织创新创业活动时，大学生应自己做主，发挥新时代人才的智慧和潜力，运用创造性思维去开展创新创业活动。对于顺利举办活动的成功者，高校领导和教师应给予充分的支持和鼓励，让大学生认识到自己的价值，从而更努力地举办创新创业活动。

2.宏观激励与微观激励相结合机制

高校应该落实适当的政策措施，为创新创业提供必要的资源，并鼓励大学生的各种创新创业行为。

（1）营造浓厚的校园创新创业氛围

高校可以通过校报、校园广播、校园网、海报和宣传板等，向大学生们宣传国家、各地方和高校对大学生创新创业的优惠政策，以及当地或本校大学生创新创业的成功案例和成功企业家的创业史。开展学术交流会、学术报告会和讲座等，尤其是邀请社会上成功的企业家来校指导，传授创新创业的相关理论和实践经验，可以拓宽大学生的视野，让大学生接触创新创业这一全新的领域，在渐渐了解中萌发创新创业兴趣。

（2）针对创新创业课程中有优异研究成果的大学生，设立"创业学分"

在具体的微观措施方面，对于在课堂上积极发言、积极表现，提出新想法的大学生，应增加学分。另外，高校可以聘请社会上的成功创新创业者、企业家或者从本校毕业的、创业成功的人定期来校讲课。高校与这些有实际经验的"教师"签订合同，长期合作，这可以拓宽大学生的创新创业视野。

（3）建立校内校外创新创业专项经费和贷款

对于大学生而言，无论是基于专业开展创业实践还是从事创新实践，无论是企业初创期还是企业成长期，充足的资金支持都至关重要。高校为推动创新创业教育的实施和创业活动的开展，可从两方面筹集资金：一方面由高校拿出一部分专项资金作为创业基金，如大学生创新创业项目基金、大学生创业种子基金、创新创业竞赛支持资金、大学生创业基地建设资金、个性化指导资金等，激励大学生进行创新创业实践；另一方面由创业成功的大学生共同出资成立大学生创业基金，帮助在校生或毕业生参与创新项目研发、创新成果转化、创业企业运营。

高校应该积极采取措施，争取国家和社会的捐赠资金。在校内，应激励大学生创新创业。大学生在接受国家和企业捐赠的同时，也应该在取得成果后回报国家和企业。具体方式可以采取贷款或合作的形式：如果是贷款，大学生在创业期满后需要连本带利偿还给国家或企业；如果是合作，大学生在创业期满后可以将取得的创新创业成果用于投资国家创业基金会，或与赞助企业联合经营，助力企业发展。以此，大学生和企业互惠互利，企业更愿意为大学生提供创新创业资金支持；高校的创新创业激励机制也能朝着健康、可持续的方向发展。

（4）高校建立有利于大学生创新创业实践锻炼的激励机制

理论与实践相结合是促进高校创新创业激励机制完善的重要组成部分。高校对大学生的创新创业激励和帮助往往是有限的，容易使知识和实践脱节。因此，高校应该引导大学生挖掘自身的潜力，并通过建立完善的激励机制，不断激励他们积极参与创新创业实践活动。

第四节 高校创新创业人才培养的侧重点与实施

一、高校创新创业人才培养的侧重点

（一）树立科学的创新创业人才培养观念

高校必须坚持深化素质教育，落实立德树人的根本任务，把构建创新创业人才培养体系作为关键抓手，不断培养出敢于开拓创新、勇于创业实践、符合时代发展要求的高素质人才队伍。高校创新创业教育必须立足中国基本国情，瞄准服务国家战略需求和经济社会发展，以立德树人为引领，加强学生思想道德建设。高校要丰富创新创业教育的内涵，将当前经济社会发展热点、国际政治发展形势、时代精神及民族精神的相关内容与创新创业相衔接，这既能丰富创新创业教育的时代内涵，又能引导学生投身中国特色社会主义建设的伟大实践。

高校开展创新创业教育是新时代的客观要求，创新创业教育与时代精神相吻合，与社会发展需求相适应。乡村振兴战略是有效解决"三农"问题的重要举措，而乡村振兴的实现离不开人才的支持，因此，吸引大学生返乡就业创业已成为推动乡村振兴战略实施的重要举措。高校要广泛宣传和解读乡村振兴和促进就业创业的相关政策措施，教育和引导高校毕业生转变观念。另外，高校还应进行相关专业的调整：一方面，在专业设置比例上增设与乡村振兴需求相适应的农科类学科专业，使掌握了这些专门技术和管理知识的高校毕业生能专业化地服务农村；另一方面，建立与农村地区定向联合培养机制，拓宽招生渠道和就业渠道，包括定向生培养、专项招聘计划等，让更多来自农村的大学生接受专业教育、回报家乡。

（二）深化创新创业人才培养体系的改革

高校要将创新创业教育贯穿人才培养全过程，把创新创业教育和实践课程纳入高校必修课程体系，促进创新创业教育与专业教育有机结合、与思想政治教育深度融合。高校要从多个环节入手并基于设计思维对创新创业课程体系进行系统性改革，以此来制定科学的教学计划和构建立体化、融合式的创新创业课程体系。

第一，促进创新创业教育与专业教育深度融合，培养具有专业知识和创新创业能力的综合型、专门型人才。高校要将创新创业教育内容纳入专业课程体系，推进专业类创业课程的创新，形成支持创新创业教育的专业教育体系，通过加强专业领域的职业发展研究、提升科研与技术开发比重、引入创新创业案例教学等方式，完善创新创业人才培养课程建设，增加学生的岗位创业知识储备，培养兼具专业能力和创业素养的综合型人才。

第二，促进理论课程与实践课程相结合。高校开设创新创业类课程，既要进行系统的理论知识教学，又要在课堂上增加实践模拟等环节，使理论与实践教学相结合，让学生在理论课堂与实践教学中了解国情、社情、民情，在就业创业中增强使命与担当。高校要开发一批质量高、特色鲜明、针对性强的培训实训类课程，以此来满足大学生创新创业不同阶段、不同领域、不同业态的需求。同时，高校要优化育人环境，坚持以项目带动大学生创新创业，支持开展大学生创新创业训练计划等，鼓励发展创新创业类大学生社团，营造创新创业文化氛围，激励更多的大学生大胆创新、勇于创业。

二、高校创新创业人才培养的具体实施

（一）培养创新创业人才的创新意识与创业能力

1.创新意识培养

创新意识是指人们根据社会发展和个人生活需求，果断地为新事物而奋斗，找到新的思路和方法来解决问题、创造新事物的意识。创新意识对一个人创造力的形成起着非常重要的作用，是人类创造性活动的出发点和内在动力，也是形成创新潜力的基础。创新最重要的不是结果，而是要有强烈的进取精神和勇于探索新事物的思维意识。

（1）重视知识积累

知识的积累是创新意识形成的前提。"学而创、创而学"是创新的主要方式。只有不断学习新知识，才能在自主创业过程中不断创新。学习是接受、优化和塑造知识的过程，其核心是为知识增值，因此，要开发创新潜能，就要重视学习，从而形成学习能力。学习能力是获得和重构知识的能力。通过创新实践，新的想法和设计被转化为真正的产品。创新离不开知识的积累，尤其是技术创新，更需要创业中的大学生在生活和工作中重视知识的学习与积累。

（2）消除心理障碍

谈及创新，有的大学生有一种天生的抵触和恐惧，认为创新是神秘、可望而不可即的。其实，人人都具备创新的潜能。要具备创新意识，首先需要消除心理障碍，树立创新的信心，拥有"敢为天下先"的勇气。其次，大学生要具有主动性，大胆地去做别人没有想到的事情，要有很强的创业精神和勇气。创新意识是创新的动力，是形成创新习惯的基础，只有有创新意识的大学生才能找到创新点。

（3）激发与开发潜能

首先，创新需要一定的灵感。大学生通过仔细观察、研究、反思，可以产生富有创造性的思路，以此来解决以前难以解决的问题。其次，创新也需要强烈的好奇心。人们探索的欲望往往表现在强烈的好奇心中。好奇心使人们对某物、某事、某人充满兴趣，这些兴趣促使人们去质疑、去探索，这时思维会变得特别活跃，人的潜能会在这个过程中得到释放，人的创造性也会随之产生。

（4）参与创新实践活动

创新意识的形成非常重要，大学生在形成创新意识的过程中，应形成科学的创新观。在培养科学的创新意识的过程中，大学生应该积极参与创新实践活动。创新实践活动可以是创新创业培训，也可以是创新创业比赛；可以是理论性的，也可以是操作性的。人们在生活中会经历很多事情，有时人们已经接近创新的门槛，但还没有发现创新的机会。作为一名大学生，必须学会复盘、反思、怀疑，学会用已有的知识进行创新和实践。

（5）激发创新与创意

创新与创意是企业成功的核心与关键。可通过以下三个步骤来获得并激发创新与创意：

首先，记录疑问。企业主要来提供满足人们生存和发展需要的产品或服务。大学生应思考如何创业，了解人们日常生活中的问题或需求，为他们后续更好地发展提供服务。

其次，寻找好主意。好主意能解决问题，帮助他人，使生活轻松，有助于企业运作。第一，可以培养大学生对人、环境和事物的好奇心，扩大他们的生活面，如参观当地企业、特色商店、图书馆、其他城市等，在这个过程中寻找主意；第二，与来自不同专业、不同地方，生活方式不同的人交谈，能帮助大学生打开思路，帮助其捕捉到好的点子。另外，捕捉到好的点子后，要把它们写下来，以防遗忘。

最后，实用验证。实用验证主要是为了落实所收集到的意见。事实上，大部分的创造性努力都是在前一阶段进行的，但还需要更多的研究来验证新的想法。这是从观念到创新、实践的重要一步，验证方法包括理论和实践两个步骤。

2.创业能力培养

（1）人际交往能力

人际交往能力是从事管理工作必须具备的基本能力。大学生必须具备较强的人际交往能力。因为作为创新创业者，大学生需要跟不同的人沟通，比如消费者、企业员工、供货商、金融和保险机构、同行等，只有具备良好的人际交往能力，才能在与这些人的沟通中顺利解决问题，实现自己的利益最大化。

（2）解决问题的能力

大学生需要具有解决问题的能力，这是一种综合能力。这要求大学生具有较强的理解能力和快速的信息处理能力，并且能找到解决问题的创造性方法。

（3）创新创业能力

创新能力和创业能力是创新型人才必须具备的基本能力。培养创新能力主要是培养创新思维能力、实践活动能力、动手操作能力以及遇到问题之后最终解决问题的能力。创业能力则包括专业技术能力、经营管理能力和社交沟通能力等。创新能力强的人，其创业能力也不会太弱。

（4）自我调控能力

在创业的初始阶段及随后的经营阶段，大学生作为创新创业者，在与客户、合作伙伴及金融人员的交往过程中，需要展现出坚定且果断的态度和方式。

（5）管理情绪的能力

如何妥善管理情绪是现代人非常关注的问题。良好的情绪状态是创新创业者应该具备的特点之一。尚未步入社会的大学生，人生经历相对简单，所以情绪波动较大，在遇到问题的时候容易情绪化。所以，学生应学会与情绪和平相处，做情绪的主人，在遇到问题的时候妥善管理自己的情绪，这也是创新创业者必备的能力之一。情绪稳定对工作表现有重大影响，尤其是在高压环境中。情绪稳定度高的人会从积极的角度进行思考，对自己的生活感到满意；情绪稳定度低的人常表现出不安、焦虑、悲伤的情绪。高度的情绪稳定性是创业的优势。

（6）团队合作能力

对大部分创新创业者而言，很多时候都是和别人合作创业的。因此，团队或小组合作能力也是大学生必备的重要特质之一。一个成功的企业团队必须具有以下特征：承诺共享、合作持股、公平灵活的利益分配机制，以及企业成果整合共享与职业技能的完美结合。这些特征正是团队合作能力的具体体现。

（7）创业机会识别能力

第一，创业机会识别的影响因素。

识别和把握创业机会并非一蹴而就，而是要经过反复调整和不断完善的过程。外部环境的错综复杂性为创新创业者提供了多样化的创业机会，而面对同一个创业机会，不同的创新创业者也会产生不同的创业认识。创业认识具体受三个主要因素影响和制约，即个体因素、机会特征和环境因素，以下就这三个因素进行具体阐释：

首先，创新创业者的个体因素对创业机会的影响。创业活动是在创新创业者的主导下进行的，他们在这一过程中的主体作用不容忽视。因此，创新创业者的主观因素对创业机会的识别会产生关键影响。这些主观因素包括个人性格、先验知识、社会网络资源以及创业警觉性等。

个人性格不同也会识别出不同的创业机会。主动型人格一般能够很好地把握创业机会，但积极型人格却没有什么突出表现。对创业机会的选择主要由创新创业者的性格特征所决定。像一些风险性较大的创业机会，容易被具有冒险精神的创新创业者所把握；而一些稳定性高、风险系数较小的创业机会则适合比较谨慎、稳重的创新创业者。

创新创业者以往的学习经验、工作经验和日常生活中的所感、所悟等都可以统称为先验知识。对先验知识的分类，各个专家学者的看法各有不同，通常将其分为三类：一是对市场的先验知识；二是对服务市场方式的先验知识；三是对顾客问题的先验知识。由于创新创业者的先验知识各有不同，因此面对同样的创业环境时，创新创业者对创业机会的发掘也不尽相同。但是现在专家们已经普遍达成共识，即创业者具备越多的先验知识，越有利于其发现创业机会。

创新创业者获取社会网络的方式也影响其发现创业机会。创新创业者获取的社会网络资源越多，越有利于其发现创业机会。社会网络资源的获取能够对创业过程中的各个因素产生直接影响，进而有利于创新创业者发现机会、创造机会。因此，在创业过程中，社会网络资源的获取有着举足轻重的作用，社会网络越强、越密，越有利于创新创业者识别创业机会。

创新创业者的创业警觉性在创新创业活动中起到核心和关键的作用。创业警觉性作为一种能力，能够使创新创业者敏锐地感知外部环境的变化，从而寻找创业机会。创新创业者的警觉性和创业机会的识别成正比关系，即创新创业者想要发掘更多的创业机会，需要保持高度的创业警觉性。

其次，机会特征对创业机会的影响。创业机会的特征会影响创新创业者的选择。创新创业者在面对创业机会特征时，不仅会做出不同的反应，而且对创业机会的侧重方向也有所不同。创新创业者对创业机会未来价值的评估主要取决于创业机会的自然属性，因此，他们的机会评价会对创业机会的选择产生非常重要的制约作用。市场需求、市场结构、市场利润以及市场规模等都是创新创业者评价创业机会的重要指标。在具体评价时，还需要将各个指标进行详细划分。

最后，环境因素对创业机会的影响。环境因素主要是指创新创业者在创业过程中所有会对创业产生影响的外部要素的总和。对创业机会的识别不仅受创新创业者自身因素的限制，还会受外部环境变化的影响。创业环境在时刻变化，且具有一定的复杂性。

从市场因素的角度来看，市场瞬息万变，市场供求关系也具有一定的动态性，这为创业机会的出现创造了市场条件。若市场出现新的供需关系时，就会出现一定的创业机会。创新创业者只有对市场有足够的敏锐力和洞察力，善于把握机会，才能更好地创业。

从政策法规因素的角度来看，国家政策也有着不同的调整和完善，这主要是由市场需求变化决定的。政策法规是从宏观角度对市场结构和产品结构进行调整，这将给创新创业者带来一定的创业机会。因此，对国家政策调整的高度关注和重视也是创新创业者把握创业机会的一个重要因素。

从技术因素的角度来看，在创业机会识别中，技术因素有着不可取代的作用。任何一次技术的发展，都将给产品、竞争和服务带来新的变化，而在变化过程中，会催生更多的创业机会。新旧技术更替交换的过程，会让市场得到拓展，产品结构产生变化，从而有利于更多创业机会的出现。

第二，创业机会的识别方法。

首先，问题分析法。任何创业机会的产生，都依附一定的市场需求。因此对个人和团体的需求进行发掘是识别创业机会的重要手段。创新创业者想要把握住创业机会，需要具备敏锐的市场洞察力，对事物有自己的认识，并且能够发现周边事物的细微变化。创新创业者还要避免产生从众心理，敢于创新和突破，这样才能更好地抓住创业机会，提高创业成功率。

其次，系统分析法。认识和了解宏观、中观以及微观环境的变化也是创新创业者所必须进行的工作。创业机会多是通过系统分析发现的。对周边环境变化的分析和对市场政策变动的把握，都将提高创新创业者的创业成功率。创新创业者只有具备较强的信息分析能力，才能随时了解市场需求和市场结构的变化，从而不错过转瞬即逝的创业机会。

最后，资料分析法。在创业过程中最为常用的分析方法是资料分析法，即通过总结和系统分析以往的数据来发现创业机会的一种方法。很多创业活动的开展都可以利用这种分析方法。这种方法的难度在于信息收集的真实性和时效性难以提高。

第三，创业机会的识别过程。

创业机会无处不在，创新创业者不可能把握住所有的创业机会，因此如何提高自身发现机会、挖掘机会的能力成为影响创业活动结果的一个关键因素。创新创业者首先必须对创业机会的价值进行了解和分析，并付之于行动和实践，这样才能有效提高创业活动的成功率。搜寻机会、识别机会以及评估机会是发现创业机会必须经历的三个重要环节。

（8）创业项目选择能力

创业项目的选择是一个需要经过排列组合"运算"后才能得出结果的问题。无论是个人合作投资，还是企业联合再投资，都会首先面临选择投资项目的问题。如果项目选择失误，将导致投资失败，因此需要慎重对待项目的选择。

第一，创业项目选择的基本原则。

一个好的创业项目必然是符合市场需要的、业绩良好、利润回报高，并深受投资者青睐。因此，好的创业项目需要遵循以下四个原则：

①项目市场评估。项目的选择要考虑是否有市场、有多大市场、市场份额等。

②项目盈利能力。项目盈利能力是企业在选择项目时应考虑的首要因素，也是风险投资方最感兴趣的问题。因此，研究一个成功项目能产生的利润和持续的时间是非常必要的。一般的风险资本家对市场前景 500 万以下的产品是不会考虑的，这反映了盈利能力的重要性。

③项目风险评估。风险评估需要考虑多个方面，如提供的产品或服务是否对客户有吸引力，竞争对手的反应是否比预期更为强烈，成本控制是否得当等。如果创新创业者

依赖外部投资，则他们还需要考虑外部资金是否会接受这一变化。如果这一变化低于预期，则会对投资者的业务产生影响。

④项目应符合投资决策的必要原则。成功的项目一般具有经济性原则、比较优势原则、产业政策原则和技术选择原则。

第二，创业项目选择的主要标准。

一是市场前景。市场是评判创业项目好坏的最基本原则，具体如下：

①潜在市场和现实市场。一个项目倘若有现实市场当然最好，如果没有现实市场，但是潜在市场很深远，就是所谓的风险投资，也是好项目。现实市场和潜在市场均有的项目，通常是最佳的；倘若两个均无，那么这个项目基本上会失败。

②市场容量。市场容量是客观条件，个人努力是主观条件。如果客观条件好，再结合主观努力，项目就可以做大。

③市场容量和市场占有率不用等同。只要市场容量大，即使占有率低一些，企业也可以生存；相反，市场容量不大，即使占有率再大，企业也难有大发展。

二是竞争性强。创业项目的竞争性强具体表现在以下方面：

①抗复制能力。有一些项目，虽然刚开始效益不错，但是由于项目的复制性高，其他竞争者争相选择同一类项目，这就导致恶性竞争，最后利润下降。虽然没有项目是不能被复制的，但创新创业者在选择时也要选择抗复制能力相对高的项目。

②项目门槛。一个项目抗复制能力高就说明该项目有一个"门槛"。例如，代理品牌项目，该项目有一定的资金门槛；产品申请了专利后，技术成为一道门槛，从而有效挡住很多跟风竞争者。因此，项目门槛应该是创新创业者考虑创业项目的一个重要因素。

三是符合产业政策。符合产业政策是项目成功的一个关键，虽然可行的项目有很多，但是不难发现，国家支持或顺应时代发展的项目能够得到消费者的认可，在市场中往往能够占有一席之地。

四是抗风险和风险规避能力。任何项目都有风险，创新创业者在考察项目时要依据"风险第一，收益第二"的原则。对于一个项目，创新创业者先不要看可能的收益如何，而是要看可能的风险的大小，自己的抗风险能力和规避风险的能力是不是可靠，最大风险是不是超出自己最大的承受能力等。

综上所述，创业项目选择的成败直接决定创业的成败，因此，没有最好的项目，只有最适合的项目。作为初期的创新创业者，学生不仅要寻找最好的项目，还要寻找最适合自己的项目、适合自己团队的项目，着眼于大局，着眼于受众，既要顺应时代的发展要求，又符合自身发展需求，走持续发展的道路。

（9）创业准备能力

第一，市场需求。

市场需求是指在某一个地区、某一时间段内，消费者对市场提供的商品或市场中服务的购买数量。市场需求的大小受到两个因素的影响：一是消费者是否有明显的购买欲望；二是消费者是否有足够购买商品或服务的能力。如果想要形成市场需求，那么必须具备这两个因素。市场需求量包括两方面内容：一是市场实际销售量。顾名思义，市场实际销售量就是在预估市场需求时，市场当中的商品或服务的实际销售量。二是市场潜在需求量。市场潜在需求量是指在预测的期限内，在市场因素的影响下，商品销售可能增长的数量。

第二，目标市场定位。

目标市场定位是很多企业都使用的一种经营模式，企业会对市场进行精准的产品定位，然后根据不同的市场需求提供更加具有针对性的产品或更适合的服务。

第三，创业团队的组建。

高水平、高素质的创业团队能够让企业创业更容易获得成功，团队的能力和素质决定了企业具有多大的发展潜力。因此，大学生在选择自己的团队伙伴时务必谨慎。

第四，收集创业信息。

创新创业者和消费者之间的联系依赖于信息和创业的前期准备。前期信息收集影响创业的成功与否。因此，大学生要做好创业前期的信息收集工作。

（二）设计创新创业人才培养的课程体系

1.课程体系设计的原则

（1）个性化培养原则

创新创业课程设置需要考虑学生的个性化培养与职业生涯管理，要能够提高学生在本专业各方面的创新创业能力和就业竞争力，让其能够在社会上运用自己的创新创业能力开辟出属于自己的新天地。基于此，创新创业的课程体系构建，不仅要符合当前社会经济发展的需求，而且还要结合大学生的实际情况来实施个性化培养方案，帮助他们明确自己今后的职业生涯规划。因此，高校的创新创业人才培养，必须以高校教育改革的要求为引导，实现大学生的个性化成长，并将他们培养成为社会发展所需要的人才。

（2）课堂主体化原则

创新创业教育与专业教育的融合，在很大程度上要依托于课堂教学。课堂主体化这一原则要求创新创业教育课程体系在构建时，将专业课程的课堂教学放在主体地位，而创新创业教育理念和内容作为融入其中的一部分，以专业课程的教学计划设置、教学内容、教学方法改革、教学管理建设等环节的方式体现出来。创新创业教育课程体系的构建应当将人文素养融入专业知识，让文理知识相结合，同时还要增加能够拓展大学生知识面的内容，让他们了解更多的专业前沿知识和本专业的特色。

2.课程体系设计的内容

（1）理论课程设置

第一，基础理论课。

创新创业教育中的基础理论课是大学生了解创业基本知识的重要基础课程，主要内容是一些基本的创业理论，包括以下课程：

"创业学概论"是整个创新创业教育课程中最为基础的理论课程，可以将其称为创业的入门级课程。这一课程的设置旨在让想要创业的大学生认识创业，明白应该怎样准备创业活动，以及创业活动需要用到哪些理论知识。

"创业基础论"以"创业学概论"内容为基础，并在此基础上安排了与创业相关的各种理论知识课程。这些创业基础理论知识课程旨在培养有创业意向的大学生的创业素质和基本能力，并通过讲解国内外成功创业者的实例，让大学生汲取成功创业的经验，点燃大学生创业的激情。

"创业辅导"课设置的主要目的是向大学生传授一些有助于理解和开展创业活动的知识，包括创业活动的现实意义、未来发展趋势等。此外，"创业辅导"课还会讲解创业活动中常见的思维和行为模式。

第二，专业理论课。

创新创业教育专业理论课程设置旨在为大学生详细讲解创业过程中所需要的知识，包括以下课程：

"创业案例研究"课主要通过讲解各行各业创业者的真实案例，帮助大学生通过案例学习并分析创业成功和失败的常见原因，来明确创业活动中决定成败的关键环节和因素，进而不断提高自身创新创业素质和能力，避免重蹈覆辙。

"创业法律基础"课主要讲解与创业相关的法律知识。通过对这些创业法律知识的学习，大学生能够知法、懂法，明确创业活动的法律红线，同时也能使用法律武器保护自己的创业成果。具体而言，"创业法律基础"课包括对法律法规的学习。

"市场营销学"课的主要目标是帮助大学生掌握市场的基本规律和特点，并运用市场营销的相关知识更好地开展创业活动。该课程的主要内容是分析市场环境、消费者市场行为，讲解如何针对不同市场环境选择适当的营销策略，同时系统地阐述市场营销活动的基本流程和方法。总体而言，这门课程的最终目的是帮助大学生合理运用市场营销手段，成功获得市场份额。

"管理学"主要讲解企业管理的相关知识。该课程之所以被安排在创新创业课程体系中，是因为大学生在创业活动中需要这项管理能力。大学生通过对企业管理的学习，掌握计划、组织、管理、决策等能力，从而在未来有条不紊地经营企业，并对市场有一个理性、正确的认知，进而抓住每一个机遇，以较小的成本获取较大的利润。

（2）活动课程设置。

第一，集体活动课程。

集体活动课程主要以创业教育专家或者已经在行业中取得成就的成功创业者主持讲座的形式开展，让大学生有机会在规定的时间段里获得与他们面对面交流的机会。这种课程设置有利于大学生更有针对性地了解自己想知道的创业知识和经验，同时这种面对面的交流也更能让大学生切身感受到创新创业者的精神和素养，从而自主加强自己的创新创业意识，提高自己的创新创业能力。

第二，专题活动课程。

专题活动课程通常会以真实的商业活动为参照，采用商业计划竞赛的形式开展一系列活动，包括模拟营销大赛，参观企业、了解企业文化和企业运作流程等。此外，专题活动还包括营销活动与决策活动，这些专题活动在创业活动中占据十分重要的地位。通过开展创新创业专题活动课程，高校不仅可以培养大学生在创业中必不可少的团队意识，还能够增强他们对商业活动的竞争意识。

第三，项目活动课程。

高校设置的项目活动课程在很大程度上能够培养和强化大学生在创新创业活动中所需要用到的独立判断能力、自我管理能力，能提高大学生的创新创业素质，让大学生在不断实践的过程中，锻炼自己的能力。

（3）实践课程设计

创新创业理论学习的目的是指导实践，因此实践课程设计是创新创业课程体系构建的重点。

第一，实践课的层次。

首先，普及性创业教育实践课。目前创业教育实践课存在"隐性课程很多、显性课程不足"的情况，普及性创业教育实践课程需要增设诸如经济学、管理学、法学等一系列与创新创业有直接关联的显性课程，合理安排这些课程能够更好地培养大学生的创新创业意识。同时，高校还需要通过加强制度化建设这样的方式进一步改善当前课程设置不合理的情况，提高创新创业教育的普及程度，从而让大学生的创新创业基本素养和能力得以全面提高。

其次，进阶性创业教育实践课。进阶性创业教育实践课是面向少数大学生的进阶性创业教育，与普及性创业教育注重意识和品质培养不同，进阶性创业教育更侧重创业体验和创业实践。进阶性创业教育实践课的设置主要侧重于创业体验和创业实践的教学。

第二，实践课的分类。

首先，案例实践教学。案例实践教学所需的案例既包括成功案例也包括失败案例，教师通过引导大学生分析和讨论这些案例，帮助大学生从具体案例中总结成功或失败的经验和教训，并进行学习和反思。教师在案例实践教学中的主要作用就是帮助大学生把案例中的经验和教训上升到理性层面，这也是教师应该掌握的一种创业教育教学方法。仅依靠课本上的理论知识，大学生难以完全理解并运用创业教育理论，教师需要通过分析具体案例，加深大学生对创新创业的理解，使其形成更为具体和深入的认知。

其次，模拟创业实践。模拟创业实践课程的开展通常会以举办竞赛的形式来进行。例如，"创业计划竞赛"活动以小组竞赛的形式开展。每个竞赛小组成员为5~6人，由大学生自由组合，以达到取长补短的目的，最终形成的竞赛小组也被称为"模拟公司"。小组成员首先要通过实地调查来选择自己具体要进行的创业项目。选定之后，小组成员要针对这一项目进行分析，讨论该以哪种途径来进行后续的展开，这就是所谓的创业思维。最后一步就是小组成员根据自己选定的创业项目，提出一个能在市场上有发展前景的创业产品或服务，然后根据这一产品或服务，制定一份商业计划书。商业计划书内容要完整，事项要具体，角度要深入，里面要有作为创业者对新公司发展的整体蓝图、战略策划、资源分配和人员需求，其他基本内容包括公司的介绍、产品与服务的市场调查分析、公司主要的竞争营销策略、公司的组织架构图、人力资源管理结构、财务分析报表等，这一份商业计划书最终是为了赢得"风险投资家的投资"。制定完成后小组成员要进行课堂汇报。

最后，精品创业实践。精品创业实践主要是指大学生创办企业的实践。这一课程是目前高校创新创业教育中的高级课程，其特点在于这种实践不同于课堂上的模拟实践，而是实践一些有专业支撑、产业前景好、拥有优秀创业团队的真实创新创业项目，这些项目是高校从创新创业教育的进阶性目标出发寻找到的。此外，大多数高校还会设立创业孵化基地，为大学生提供创业场所。部分高校甚至会为大学生提供创新创业风险基金，给予他们一定的经济保障；或是专门为创新创业的大学生聘请相关的咨询专家团队，以引导和帮助他们解决创新创业中可能面临的问题，从而实现大学生真正意义上的创新创业；或者更加大胆地以大学生为主体创办公司，进行一些真正的经营活动，虽然这种方式对于大学生而言风险性较大，但是对于那些有创业眼光及胆魄，而且自身综合素质过硬、创业能力强的大学生而言，这是能够最快通向成功的渠道。

（三）建构创新创业人才培养的实践平台

1.实践平台建构目标

高校根据人力资源市场对大学生实践能力的新要求，在创新创业实践教学中增加各种与市场活动相契合的创新创业实践活动，由此构建一个与之相适应的创新创业教育实践平台，进而建立一个完善的专业实践教学体系，将研究创新、创办企业、竞赛训练、志愿服务这些内容都纳入其中，通过多种方法与途径，实现创新创业教育实践教学与专业实践教学的有机融合。这样做的目的就是让大学生在边学边做的过程中，提高自主研究能力、实践能力以及培养创新思维，同时在各种创新创业实践活动中积累经验，学习更多书本以外的创新创业知识，并培养创新精神。

在构建创新创业教育实践平台时，高校需要明确创新创业教育实践平台构建的目标，然后以这一目标为导向进行构建。对创新创业教育而言，其目标就是培养社会所需要的创新创业人才，因而创新创业教育平台的目标就应该是培养人才所应具备的创新创业意识和实践能力。

2023 年 9 月，第九届中国国际"互联网+"大学生创新创业大赛总决赛拉开帷幕。自 2015 年举办以来，中国国际"互联网+"大学生创新创业大赛日益成为培育创新创业人才的沃土，成为推动高校创新创业教育改革的重要平台。

简言之，高校在构建创新创业实践平台时，应以其目标为导向，以提供支持和配套监督评价体系为保障，构建一个能够引导大学生立足于科技文化领域，并能开展创新创业项目实训的教学实践平台。在此基础上，将科技文化领域的各种项目运用到实践教学中，为大学生构建一个专业化、多元化的创新创业实践平台，这一平台能够为想要创业的大学生提供更多的实践机会，进一步丰富大学生的实践经验。

2.实践平台构建原则

（1）围绕区域经济社会发展

创新创业在当前社会非常有发展前景，是国家经济发展的重要途径，在推动区域经济发展方面效果显著，因而高校创新创业实践教学必须以此为导向开展和设计。创新创业的本质就是根据社会需求和人才发展要求而展开的培养创新创业教育人才的一种活动。从其功能性来看，高校与区域内的技术创新、知识创新和知识传播有着密不可分的关系，简言之，区域内技术和知识的创新发展主要依赖于高校所培养出来的创新创业人才。因此，各个区域内的高校都有一个共同的使命——培养高素质创新创业人才，推动科技进步，促进经济社会健康、协调、可持续发展。

（2）坚持基于专业的实践教学

坚持基于专业的创新创业实践教学是指结合大学生的专业进行创新创业实践教学，这种教学不仅能够改革该专业的实践教学，而且能推动高校素质教育的进程，培养具有创新精神的复合型专业人才。因此，从这个角度来看，创新创业实践教学不仅能促进创业课程的发展，提升大学生的创新创业实践能力，还能推动和指引高校各专业实践教学的革新。专业实践教学的革新，在一定程度上促使创新创业教育实践教学从根本上改变以前的教学模式，让教学变得更符合现代社会的发展。创新创业教育如果要充分发挥自己的作用，就必须始于专业、基于专业、融于专业。

（四）配置创新创业人才培养的师资队伍

创新创业师资队伍构建是创新创业人才培养的基础和保证。要组建合格的创新创业师资队伍，就需要制定明确的教师素质评价准则和教师能力评定标准，并采取有效的构建策略，为培养创新创业人才提供坚实的师资保障。

1.师资队伍素质要求

（1）思想政治素质

作为从事创新创业教育工作的教师，首先要树立正确的教育观，对大学生应始终保持高度的责任感，其次要秉持终身学习的职业发展观。教师只有具备正确的价值导向，才能在实际教学过程中引导大学生树立正确的世界观、人生观和价值观，从而培养出一批既拥有专业理论又有较强实践能力的高等技术应用型人才。

（2）教育教学能力

创新创业课程具有鲜明的实践导向特征，这一特征要求教师在课堂教学中充分整合各种教学方法的优势，增加课堂理论教学和实践教学的密切度，提高课堂教学的效率，在有限的课时内实现知识传递的最大化。教师的教育教学能力应该包括组织实践理论教学，带领学生实践并在其中起到指导作用的能力；与学生能够进行良好沟通的能力；驾驭教材及对教材熟读于心的能力；对课堂活动或教学的组织能力。

（3）科研教研能力

科研教研能力对从事创新创业教育工作的教师十分重要。在日常的教学中，教师应该重视教研活动的开展，重视理论知识的研究成果在当前高新技术的开发下以及在具体的生产实践中的应用，不断探索更先进的教学方法，将理论研究成果尽快应用于实践，提高实践工作的效率，从而构建一个更科学合理的学科知识体系。

（4）职业综合素质

在创新创业教育中，教师的职业综合素质指的是教师的身体、心理、人文和创新素质等。对于从事创新创业教育工作的教师而言，职业综合素质非常重要，它在实际的创新创业教学过程中与各种专业操作技能紧密相关。换言之，这是一种具有明显实用性的素质，是每一位教师不可缺少的一种素质。从事创新创业教育工作的教师本人应该重视自己职业综合素质的提高，充分认识其重要性，自觉提高自己的职业综合素质。

2.师资队伍配置方案

创新创业师资队伍是高校开展创新创业教育的重要支柱，其构建必须按照高水平、高质量的标准，这样才能建设出优秀的创新创业教育团队，更好地发展创新创业教育。由于创新创业教育具有实践性与理论性这两个特征，所以从事创新创业教育工作的教师一般都是教师团队中的中坚力量。

（1）师资队伍建设的框架平台

对于创新创业师资的选拔与培养必须兼顾三方面的内容，分别为创业实践、创业理论、创业指导，所对应的师资也各有不同，分别为企业师资、专业师资、创业辅导员。

（2）师资队伍选聘平台搭建

创新创业师资队伍的选拔和招聘应从四个方面进行：

第一，加强管理团队建设。建立专业与兼职相结合的高素质管理团队，为创新创业教师的选拔和招聘提供有力支持和保障。

第二，选择专职教师。专职教师的选择指的是选择和招聘的教师的专业知识结构要完善，要富有创新创业精神，以及熟悉教学规则，能完成创新创业精神教育、专业创新创业教育的教学和研究。

第三，分批培训教师。高校要把教师参与创新创业教育培训和取得资格证书作为教师上岗的必要资格和条件。

第四，选拔优秀教师。高校应积极聘请具有创新创业实践经验的兼职教师，进一步丰富师资队伍，优化师资结构。

（五）完善创新创业人才协同创新培养机制

1.完善政策的支持与保障体系

由于各个主体之间存在着不同的目标和利益诉求，在协同培养人才的过程中难免会产生冲突和矛盾。因此，政府应该加强顶层设计，制定相关的法律法规，通过政策和资金方面的支持，调动各个主体协同创新培养人才的积极性，协调各个主体之间的利益问题，为创新创业人才的培养营造良好的外部环境。

2.建设协同创新培养平台

根据协同理论和三螺旋理论，高校、企业和科研机构之间应进行协同合作，共享资源和信息，提高信息的利用率，产生协同效应。进行创新创业人才协同创新培养的关键在于找到高校、企业和科研机构之间的结合点，以符合各方利益诉求、充分发挥各方优势的模式进行人才的协同创新培养。高校、企业和科研机构三大主体采取合作的策略，将高校所具备的知识和人才优势、企业所具备的资金和市场优势、科研机构所具备的科研优势进行整合、共享，搭建各个主体之间协同创新培养的平台，培养创新创业人才，使各主体实现各自利益最大化。

3.构建大学生个性化成长的指导体系

鉴于创新创业人才的培养过程对其综合性、研究性、创新性和实践性的要求，单一导师不能满足培养要求，应该实行联合导师制，组建具有不同专业特长，来自高校、企业和科研机构不同领域的具有丰富理论知识和实践经验的导师群，对大学生进行联合培养。每位导师要根据自身的专业特长和优势进行明确的责任分工，如指导大学生参加各类科技竞赛活动，指导大学生参与各种形式的实习实训，指导大学生进行研究性学习。推行本科生科研助理制度，让大学生参与到高校、企业和科研机构的科研项目中，培养大学生对科研的兴趣，提升大学生的创新创业能力和科研素养。

4.构建多维度评价体系

（1）构建多维度、多元化的综合评价体系

高校要改变重知识轻实践、重结果轻过程的评价方法，重视对创新精神和实践能力的评价。构建包括创新思想品质的形成、创新创业实践体验、科研素养的结果与过程相结合的综合评价体系，引导大学生走出课堂，积极参与各类创新创业活动，提升自身的创新创业能力。

（2）构建合理的教师评价体系

高校要想培养出更多高质量的创新创业人才，必须将大学生创新创业能力的培养作为对教师评价的一项重要指标，引导、推进教师在教学、科研和创新创业人才培养方面的协同发展。

（3）建立协同育人质量评价体系

协同育人质量评价体系的评价主体由高校扩展到政府、企业等，采取短期、中期和长期目标相结合，定性与定量相结合的方式，从协同育人的环境、投入、产出，到协同育人的运行机制等方面构建协同育人的质量评价体系，为创新创业人才的培养提供重要的评价标准。

（六）构建创新创业人才培养的教育教学体系

尽管目前高校的创新创业教育在教育规模和教学理念等方面都取得了显著的成果和长足的进步，但总体而言，创新创业教育发展依旧有欠缺的地方，有待更加深入地改进和完善。例如，在创新创业人才培养体系建构方面，诸多高校尚缺乏相应的理论支持，导致培养出来的创新创业人才的整体质量参差不齐。为了适应时代需求，高校必须与时俱进，建立和市场、时代相适应的创新创业人才培养体系，明确新时代人才培养目标，完善人才培养模式，推动高等教育的可持续发展，并进一步促进社会经济、文化的发展。

1.知识结构的构建

大学生的知识结构就是指大学生在学习过程中所获得的诸多知识在自身的认知范围和领悟范围内的具体分配。大学生的知识结构从一定程度上反映了大学生的具体实力，对于其适应工作岗位和社会竞争有十分重要的意义，也是衡量人才质量的一项重要标准。事实上，大学生的知识结构一般强调博学和专业的兼顾性，也就是要求大学生在深入专业学习的基础上，尽可能多地了解和掌握其他方面的知识，从而实现个人的全面发展。目前，高校关于创新创业人才的培养，需要朝着这个方向稳步发展，因而在构建大学生的知识结构时会更加注重知识基础化和知识综合化的同步发展。

（1）知识基础化

知识基础化就是强调对基础知识的夯实。基础知识是促使大学生走向更深入学习境界的必要前提，务必予以重视。在创新创业教育过程中，知识基础化必不可少。创新创业教育强调创新思想和创新能力，显然这是对基础知识的运用和升华，是促使大学生从理论世界通往现实生活的桥梁。大学生要想更好地适应未来的社会环境，就务必加强对基础知识的学习，有意识地培养自己的自学能力。需要明确的是，此处强调创新创业教育的知识基础化，并不是局限于对基础知识的理论学习，而是要在夯实基础知识的前提下，积极推动大学生的多元化发展。因此，高校创新创业教育要在重视基础知识的同时，积极平衡基础知识和专业知识，使二者在教学活动中的比例保持适度。

（2）知识综合化

知识综合化强调不同知识的相互渗透和二次整合，进而形成系统的整体性知识结构，并在大学生的学习与实践活动中持续发挥作用。知识综合化涵盖的内容非常广泛，不仅在于一般意义上的学科知识综合，还在于人文教育与科学教育之间的相互融合和相互影响。知识综合化固然需要大学生的积极调整，但教师在其中的能动作用也不可或缺。在具体的教学过程中，教师应当充分发挥其教育作用，积极引导大学生进行高效的知识综合，从而为切实解决工作领域内的专业性问题做好充足的准备。

2.能力结构的构建

能力与个人的心理活动特征息息相关。一般情况下，一个人的能力不仅包括其专业知识和专业技能的具体体现，还包括其在具体的学习或工作过程中所表现出来的稳定的心理素质。目前，高校创新创业教育关于人才能力的培养主要包括知识获取能力的培养、知识运用能力的培养和创造能力的培养。

（1）知识获取能力的培养

要培养大学生的知识获取能力，关键在于激发其学习主动性，构建师生双向互动的教学模式——既强调教师的主导作用，也注重学生的自觉性。在课程设置中，应充分尊重大学生的主体地位，推动其从被动学习转向主动学习。除此之外，教师在传授知识理论的同时，应更加关注知识的实用性，有意识地引导和培养大学生的实践精神和创新意识。这不仅为大学生的主动学习和终身学习创造了条件，也为他们未来的创新实践奠定了坚实基础。

（2）知识运用能力的培养

知识运用能力重在强调大学生从理论知识向现实生活的过渡能力，而知识运用能力的培养显然就是对这种过渡能力的启发和加强。丰富知识储备的目的在于分析和解决生活中的实际问题，而分析和解决实际问题的前提明显在于对理论知识的灵活运用，因此，灵活运用知识实际上是智力与能力结合的成果。知识运用能力特别强调举一反三，也就是将知识灵活迁移到不同情境中，并针对具体情况具体分析从而解决问题。要有效培养大学生的知识运用能力，就需要开展实践教学，引导大学生积极参与实践活动，只有在实践中才能全面调动大学生的知识，推动大学生将知识运用到现实场景中。需要注意的是，实践教学和理论教学一样，也需要坚持因材施教的教学原则，使整个教学过程更具针对性。在具体的教学过程中，每个大学生的专业背景、技术能力和兴趣爱好等方面均有所不同，实践教学应当充分考虑和结合这些内容，争取使每个大学生都找到适合自己的知识运用环境和运用方式，从而加强其对理论知识和现实经历的融合。

（3）创造能力的培养

创新创业教育致力于人的全面发展，其目的显然不仅在于对理论知识或技术的传授，还会倾向于促进人格发展。人格发展中就包括了职业素质的培养。职业素质的培养既是适应大学生个性发展的需求，也是激发大学生创新潜能的必要前提。由此可见，想要激发大学生的创新精神和创造能力，就需要坚持大学生在创新创业教育中的主体地位，结合更具针对性的个性化教育理念，培养大学生更加积极主动的学习意识和辩证思想，从而为创新创业教育的发展提供无限可能。

此外，高校还要建立起与主体性教育和个性教育相适应的考核制度，也就是建立综合能力考核和专业技能考核相结合的考核制度。其中，综合能力应作为主要的考核内容，而专业技能考核应关注大学生专业能力的发展。创新创业教育对于大学生的考核从物质层面和精神层面同时给予了高度的关注，这不仅有利于提高大学生的知识运用能力和创造能力，还有利于大学生个人的人格完善和发展。

最后，在设备设施方面，高校还应加强实验室等教学环境的建设，及时更新创新创业教育相关的实训设备，营造高校创新创业教育的浓烈氛围。

3.素质结构的构建

一般而言，人的整体素质可大致分为自然素质、社会素质和心理素质三个方面的内容。其中，自然素质包括人体的身高、体重和神经系统等方面的生理素质，具有一定程度的先天性和遗传性；而社会素质和心理素质则更多地反映了人们的后天修养。教育本身就重在以人们的先天条件为基础，促使其在后天环境中更好地发展。因此，在大学生素质构建的过程中，创新创业教育也会更加重视大学生社会素质和心理素质这两方面的内容。

（1）社会素质的培养

社会素质关系到一个人的道德、文化修养等诸多方面，它既有利于大学生的人格塑造，也有利于大学生的才能提升。在形成社会素质的众多形式当中，内化是其形成的主要形式。所谓"内化"，就是个体通过自省和吸收将从外部世界获得的知识和道德变成个体内在的一部分，从而使个体和社会群体在一定程度上产生融合，个体的人最终成为社会的人。因此，社会素质也是一种后天养成的素质，它主要充当素质结构中的调节器。需要注意的是，大学生社会素质的培养尤其需要榜样的力量。所谓榜样的力量，也就是要求高校教师树立更多积极正面的典范，引导大学生朝着积极正面的方向发展，避免误入歧途。另外，创新创业教育有必要改变大学生对公共课程的偏见，淡化专业课程追求下的功利性质，从而使其以更加平和的心态去自主学习和自我发展。

（2）心理素质的培养

心理素质事实上是以自然素质为基础，在后天环境的各种因素综合影响之下逐渐形成和发展起来的。从这个角度来讲，心理素质明显包括先天和后天两个决定性因素，是一种较为特殊的素质结构。因此，在创新创业教育的过程中，教师不仅需要对大学生的心理素质给予充分的关注，还要不断探索适合大学生心理素质培养和发展的有效方法。

推动心理素质的培养可从三方面着手：首先，树立大学生的自信心；其次，营造适宜的教育氛围，充分鼓励和引导大学生自查自省，在学习过程中不断发现和分析自己的优势和缺点，从而更全面地认识自己；最后，引导大学生进行积极有效的情绪管理，以平静的心态面对负面情绪，力求以积极的思想决定积极的行为，最终提高自己的受挫能力。

总而言之，知识结构、能力结构和素质结构这三方面的构建是相互联系和相辅相成的：素质的形成需要以知识储备为基础；能力的具体体现也有赖于知识运用的程度；素质和能力又分别从精神和物质两个方向引领着人们的持续发展。回归高校创新创业教育，关于创新创业人才的培养，高校应该注重课程编排和教学体系等方面的合理配置，力求以实际的教育问题为研究对象和研究方向，坚持实事求是和理论联系实践的原则，保证教育过程中教学模式的多元化，从而使得创新创业教育充分适应时代发展的需求，在实践过程中不断丰富和完善。

　　当今社会，国家核心竞争力越来越多地表现为科技和创新的竞争，归根结底表现为人才的竞争。创新创业人才是实现经济转型、产业升级和社会服务所需要的重要人才，因而高校对创新创业人才的培养越发重视，中华人民共和国教育部甚至将其纳入如今高校教育改革的重点。创新创业人才培养的关键是构建创新创业人才培养的相关体系，包括课程体系、评价体系和质量保证体系，另外，还要健全相关实践平台，组建完备的师资队伍。

第七章 高校创新创业人才培养多维度实践研究

第一节 校企协同背景下的创新创业人才培养

一、校企共建的课程教学体系

课程教学体系的建设是培养目标得以实现的基础。在传统的教学模式中，教学内容陈旧、教学方法单一，这些严重制约了大学生实践能力和创新能力的培养。传统的课程体系只把目标放在培养大学生的知识框架上，针对性不强，培养的大学生不能达到企业的需求。因此，课程体系的建设应该由高校和企业共同参与。

（一）理论课程的体系建设

1.专业课程设置

目前我国高校的专业课程分为专业基础课程和专业主干课程。专业基础课程是指为大学生深入学习本专业课程所设置的本专业的入门课程，是为大学生提供深入学习所需要的基本理论和基础知识，培养大学生能力和基本素质的一系列课程。其主要包括理论教学和与本专业相适应的实验、实习、实训教学环节。理论教学包括符合本专业培养需求的工程基础类课程、专业基础类课程和专业类课程。在课程的设置中，专业基础类课程和工程基础类课程应能够体现该学科对本专业应用能力培养的重要性；专业类课程应能够体现系统设计和实践能力培养的重要作用。

2.增加跨校、跨领域、跨专业的选修课程

目前，任意一门学科的发展都不只局限于自身领域内部的发展，而越来越多地借助其他相关的学科。国家的发展也更需要跨专业、跨学科的复合型人才，因此，高校要增加跨专业的选修课程。高校需要根据专业的发展需要，在保证基础课程达到要求的前提下，鼓励大学生选择适合自身发展的跨领域、跨专业课程。注重文科类课程和理科类课程的交叉渗透，自然学科和社会学科的交融。不同学科相互碰撞不仅可以丰富大学生的知识面，还可以培养大学生的创新能力。例如，工科类专业的大学生可以多选择一些文学类的课程，增加其文学修养；也可以选择一些经济类和管理类的课程，经济类和管理类知识可以辅助大学生今后的职业发展。文科类专业的大学生可以选修一些理科类课程和自然学科的课程，以此来培养文科生的逻辑思维和科学研究能力。高校也应该鼓励大学生跨校选修课程：一是可以拓宽大学生的交际面，二是可以让大学生感受其他高校的文化气息，三是可以节约教学资源。

3.根据企业需求增设专业课程

课程的设置要以行业的发展需求为依托，要根据行业的发展情况及时做出相应的调整，同时也要符合社会对人才的需求。目前，我国很多高校与企业合作在沟通时仅限于领导和部分人员之间，这会造成企业和高校的教师、大学生对合作情况没有一个清晰的认识；高校教师在课程设置上可能产生偏颇，添加过多高校的主观色彩，与企业的实际需求不相符。要解决这一问题，一方面让企业参与到该专业的课程设置中去，使高校的课程设置与企业的需求相结合；另一方面，高校要关注本专业的发展趋势。在该专业还没有发生质的改变，还没有明显缺少某一方向的人才时，就开始做出相应的调整，培养该方面的人才，使高校的人才培养真正走在企业发展之前并引领企业未来的发展。

（二）实践课程的体系建设

高校应该在企业的协助下开设一些具有一定的综合性、创新性和设计性的实验和实训课程，以此打破理论与实践之间的壁垒，促进二者的紧密结合。企业可以提供一些能使大学生直接参与研究、分析和设计的项目；大学生可以在导师的指导下开展这些项目的研究工作；高校可以将大学生在企业参与的项目作为一门实践性课程，并计算学分。另外，高校还应开设一些与专业相关的社会服务类课程，让大学生将所学知识和技能应用到社会实践中，从而提高自身的理论水平与实践能力。

（三）开设第三学期

高校可以开设第三学期，让大学生将本学期所学的知识更好地应用到实践中，这种第三学期的教学模式是在国内"3+1""2+1"教学模式上的一个创新。目前，已有一部分高校开设了第三学期，但多数限于民办高校。第三学期主要是将每学年的第一学期和第二学期抽出几周构成一个较短的学期，但前提是原有的两个学期的教学周数基本不变。第三学期主要安排大学生进行实习、课程设计、综合实验等实践活动。第三学期的实践活动内容在设置上要起到承上启下的作用，要对本学期所学习的理论知识进行巩固和应用，并引出下一学期所要学习的主要内容，同时要将学校的理论学习和实习实践衔接在一起。第三学期的安排要根据行业的特点进行灵活的调整，不能只固定在某个时间段，这又将涉及对原有的两个教学周期的设置和调整。第三学期的有效运行离不开合理的规划和资金的保障。合理的规划主要包括对实践内容、实践地点、管理和评价等具体细节的规划。第三学期的实施相对减少了教师的假期时间，增加了教师的工作量，因此要投入一定的资金在教师的管理上。第三学期提高了学校硬件设施的利用率，教学设备的维护与保养成了教育投入的一大部分。要保证第三学期的顺利进行，还需考虑到学生宿舍、图书馆、实验室、食堂等的开放与管理。另外，对大学生实践过程中的安全和考勤的管理都需要进行详细的布置与规划。除此之外，要保证大学生真正有效利用第三学期，还需要建立一个完整的、适合的评价体系，该评价体系要在第三学期的长期运行中取得经验，并且因人而异、因专业而异、因校而异。

（四）实施"双师型"教学

和企业共建研究所的高校，可以选派有较强专业能力的教师参与研究所的研究工作。研究所聘任的专家也应到企业和高校进行一段时间的详细了解。这样在工作和科研过程中，企业派出的员工、高校派出的教师和研究所聘任的专家能够相互学习、取长补短。这些教师可以了解到相关专业的最新动态以及发展方向，可以把实际工作中的项目带入教学，让课堂教学不再照本宣科，而是围绕真实的案例来进行，使教学内容更加贴近实践和工作。以真实的案例为基础进行教学，可以提高大学生的分析能力和创新能力，也可以为毕业设计提供真实的素材。例如，某高校采用校企共建研究所的形式推进校企协同人才培养。研究所聘任的专家负责企业的实地考察，高校派出的骨干教师参与研究工作，共同开展"双师型"教学。这种模式既可以为企业带来效益，又可以推动高校的科研进展，使高校能触及企业技术的最前沿。

此外，高校可以通过聘请符合本专业要求和高校教师标准的企业专家到校任教，以及选派优秀教师到企业工作的形式开展"双师型"教学。例如，高校可以组织一支教师队伍长期在企业工作，这支高水平的教师队伍不仅能为企业提供技术创新，还能指导本科生的实习和研究生的实验及科研，而且还促进了该校大学生在企业的就业率。

二、校企共同实施培养的过程

（一）订单式培养

订单式培养指的是高校与企业签订用人合同，校企双方共同制订人才培养计划，有效利用高校和企业的优势资源，共同参与到人才培养过程中，实现人才培养目标，最终企业按照协议安排大学生就业的协同办学模式。高校、企业和大学生在订单式人才培养模式中均处于主体地位。三主体在订单式培养的过程中应体现其主体地位，各尽其责。企业应以当前行业的发展现状为背景，结合企业的实际需求确定培养大学生的数量和规格，并委托高校进行管理。在订单式培养过程中，校企双方应共同制定有针对性的联合培养方案，共同确定培养目标；应把当前行业发展的情况和高校的内在情况相结合，并以此为基础进行课程设置和教学计划。高校则根据共同制定的培养目标、课程体系和教学计划进行有针对性的人才培养。在大学生毕业时一般由委培单位安排就业。订单式培养包括"一班多单"和"一班一单"两种形式。"一班多单"是指一个企业的毕业生需求量比较少，但有多个企业需要该类型的毕业生，这种情况下采取多个企业共同下订单的形式，高校按照职业岗位相近原则，以职业岗位能力培养为主，采取一个专业对应多个企业订单的形式组建班级。如果一个企业的订单数量足以组建一个班级，企业的岗位要求都指向一个专业，这就形成了"一班一单"的形式。订单式人才培养的模式要求相关专业大学生自愿报名和参加考核面试，选拔合格的大学生组成班级，参加企业实训基地的实训教育，经过严格的培养和训练。这些大学生在毕业时能够达到企业正式员工的水平和能力，可以很快进入企业工作。订单式人才培养模式要求高校和企业密切沟通，就招生与企业用人、专业设置与企业岗位要求、教学与生产经营实际需求等几个方面进行磋商与确定。订单式人才培养模式还需要企业对未来几年的发展方向、发展需求有一个明确的定位和准确的概括。否则，订单式培养的大学生不但不能促进企业发展，还会增加企业负担。

（二）校企教育资源共享

校企教育资源共享要求积极探索和推动校企协同培养模式，了解企业和市场需求，搭建校企协同对接和沟通的平台，实现资源共享。加强校企协同人才培养，有利于提升企业的技术研发实力，也有利于高校加强对高新技术产业的研究以及建立大学生创业教育经验机制。企业为高校搭建实习平台，高校成为企业的技术研发合作与人才培养基地，双方共同打造"合作、互助、共赢"的校企协同综合平台。另外，校企协同培养模式可以通过整合双方各自优势来共同培养企业和社会所需的人才，对企业与高校的育才机制以及对社会公益贡献具有重大的意义。校企教育资源共享也使企业的科技创新及育人机制发展到了一个新的高度。

校企教育资源共享还包括校企共建实验室。企业投入先进的设备和技术，高校利用其得天独厚的实验教学条件和师资力量，实现资源共享。校企共建实验室使大学生的培养和职工的培训相结合，优势互补，节约资源。校企可以根据实验内容和面对的群体不同建设不同层次的实验室。首先是面向大学一年级学生的基础实验平台，主要开设课程实验及承担部分课堂教学任务，通过常规基础实验的训练，使大学生掌握基本的实验理论、基本实验方法和基本的实验技能；其次是为大学二年级及以上的学生设置的综合应用实验室，主要通过大量的开放型、创新型实验项目和各种课程设计，培养大学生对所学知识的综合应用能力；最后是针对基础较好、动手能力较强、学习能力较强的大学生设置的创新研究实验室，方便他们进行创新设计和科学研究。不同层次的实验室主要向大学生提供较完备的实验设备和营造开放的实验环境，结合项目培养大学生的创新思维，激发大学生发明创造的潜能。对于具有雄厚师资力量的高校而言，拥有良好的实验、实训条件对大学生的培养会有很大帮助。然而，在大量的实训设备的更新、维护与保养过程中，仅依靠高校自身的力量已经远远赶不上教学的发展速度，无法满足企业对人才的需求。目前，许多高校，特别是应用型高校还难以建立起完整的实验、实训平台。如果高校一直依赖相对落后的实验设备或仿真实训，容易导致大学生实践能力与企业的实际需求脱轨。因此，高校可以聚集社会各界的力量，用技术服务和有偿培训服务来换取实训设备资源，实现资源共享。对于企业而言，技术和优质的员工培训是企业的重要命脉，对提高产品质量和生产效率，对设备的有效利用和维护都存在较大的好处。因此，与高校达成以实训设备换取技术服务和培训的资源共享模式合理地解决了企业设备处置、员工岗前培训等一系列问题。

（三）高校冠名企业

高校若想使学生更好地实习，真正做到将其所学的知识运用到实践中并提高动手能力，就要有自己的企业。高校可以选择与自己的部分专业需求相匹配、并有一定技术基础的企业，为其提供技术和部分资金的支持，使该企业成为高校冠名企业，成为高校的一部分。要想使高校冠名企业成立教学工厂的校企协同形式发挥出最大功效，首先要合理化协同企业的地位；其次要强化合作机构的组成，由企业、高校等相关负责部门的代表组成培训委员会；最后要完善教学管理。教学工厂应设立教学经理一名，实行经理负责制，根据学生、设备的数量配备理论教师和培训教师。在学生数量较多的情况下可以为教学经理配备助手。理论教师和培训教师共同办公，培养"双师型"教师队伍。确定与现代企业要求相适应的教学大纲和建立与国际标准统一的考核标准体系。高校冠名企业、成立教学工厂是一种新型的教学理念、教学模式，也是一个新的组合型的概念，其主要特征是将实际的企业环境引入教学环境中，并将二者很好地融合到一起。该教学工厂是一个综合的教育平台，同时也是一个载体。教学工厂以职业发展为标准设计教学过程，在工作环境中开展教学，把专业课程的学习搬进工厂。教学工厂为学生提供了一个工厂的学习环境，学生通过在企业环境中学习实际知识技能，成长为符合社会需求的高水平职业人。教学工厂在"双师型"教师队伍的带领下，在学生的辅助下，完成了生产任务并节约了成本；高校在教学工厂协助下完成了教育任务，为社会培养出适应社会发展的人才。

三、创建校企双方有效协同的机制

第一，建立校企协同的引导机制。校企双方应共建校企协同的有效机制。首先，共建校企协同工作委员会。该委员会由行业、企业、高校三方高层管理者组成。该委员会主要审议高校的培养目标、培养模式、师资队伍建设、招生、就业等问题，并且根据行业、企业未来的发展方向提前制定发展规划、确定人才培养方案并以此组织课程改革。其次，成立技术合作开发与培训委员会。该委员会由高校科研能力较强的教师和企业技术骨干组成。该委员会主要针对企业需求进行新产品的研发，对高校的科研成果进行转化以及对新技术进行应用。此外，在人力资源部门的协助下，该委员会对校企双方员工进行技术培训，对新科研方向进行传递等。

第二，建立校企协同的管理与反馈机制。根据协同理论，建立校企协同、统筹规划、分工负责、互相协调、自主发展的管理机制，使企业和高校实现机制上的依存、资源上的互补、利益上的双赢，确保人才规格与发展需求、办学规模与资源配置最大限度地适应。依据科学的方法对校企协同建立反馈机制，及时解决协同办学过程中发现的问题，及时引导校企双方的协同方向，保证校企协同平稳健康地运行。

第二节 产教融合背景下的创新创业人才培养

一、优化课程体系，理论与实践相结合

在产教融合背景下培养创新创业人才，需要进一步提升创业实践的战略地位，鼓励大学生将所学的专业知识、创业技能应用到实践中，在这一过程中不断提升自己的复合能力，为将来的成功创业打好基础。为此，高校要改革现有的课程体系，通过加强理论与实践的融合培养出更高质量的创新创业人才。一方面，高校要在理论课程教学中培养创新创业思维。教师在课堂上以科研项目的形式融入产业发展中存在的问题、企业发展的实际案例等内容，选取问题式、启发式以及探究式等教学策略，引导大学生建立科学的创业意识，加强创新思维。同时，高校还要向大学生讲解国家、地方最新出台的创业扶持政策，以便大学生能够充分利用这些优惠待遇减轻创业道路上的阻力。另一方面，高校还必须通过实践训练锻炼大学生的创新创业能力。增加创业指导课程中创业实践的比例，利用校内的创新创业孵化园或校外的创新创业大赛等，让大学生得到实践机会。

二、优化考评机制，推行鼓励创新创业的考评体系

培养创新创业人才，必须改革以往的考核制度。将创新创业能力纳入大学生的考核评价指标体系中，并使其占据较高比例，通过这种方式鼓励大学生创新创业。要实行过

程性考核与多元化评价相结合的考核模式，充分发挥评价导向的价值。所谓过程性考核，即对大学生日常考勤、课堂表现、作业完成情况等方面予以考核，并将考核结果在最终成绩中的比例控制在 70 %；而多元化评价则需根据创新创业人才的具体情况采取合理的考核模式，不局限于某种单一的考核模式，其中创新创业成果也可作为考核评价的指标，考核结果在最终成绩中的比例为 30 %。通过优化考评机制，让大学生不再担心因拿不到学分或考核成绩不合格而影响正常毕业，从而全身心地投入创新创业项目中。同时，在高校的考核评价体系中，对于那些成功创业的大学生还应给予额外的加分。要充分体现考核评价标准对大学生创新创业的导向作用，鼓励大学生积极参与创新创业实践，这也是提高创新创业人才培养质量的一种有效手段。

三、深化校企合作，提供丰富的创新创业实践机会

高校要想培养出具有较强创新意识和创新能力的应用型人才，除了要依托创新创业课程帮助大学生打好理论基础、了解创业政策，更为重要的是要面向大学生提供更加多样的创新创业实践机会。在实践中增强大学生对专业知识的应用能力，同时培养其团队合作的意识、吃苦耐劳的品质和愈挫愈勇的精神。在高校内部建立"大学生创新创业孵化园"，除了提供创业咨询服务，还可以为大学生提供创新创业所必需的一些硬件设施，让他们有机会将创业想法变成现实。依托"大学生创新创业孵化园"的优势资源，减轻创业阻力，提高创业成功率，从而鼓励更多大学生勇于创业。此外，还可以依托校企合作平台，围绕产教融合这一目标，定期组织开展"企业杯创新创业大赛"。该比赛由企业提供赞助、设立奖金，由高校承办，为大学生提供丰富的创新创业实践机会。该比赛不仅可以锻炼大学生的创业能力，而且表现出色的大学生还能得到主办方的青睐，吸引企业的投资，为大学生今后自主创业提供支持。从另一角度看，大学生经常参加创新创业比赛，还能不断积累创业经验，提高自身的抗压、抗挫能力，使其在今后的创业道路上可以走得更稳、走得更远。总而言之，产教融合是深化校企合作、提升育人质量、解决大学生就业难题的一种有效途径。在产教融合背景下，高校积极开展创新创业人才的培养工作，既顺应时代发展需求，又符合向社会输送复合型人才的客观需要，同时也能依靠创业带动就业，解决大学生的就业难题。

第三节 "互联网+"背景下的创新创业人才培养

一、加强高校创新创业师资力量，构建多维教育形式

当代大学生在投身社会创业的浪潮中需要拥有丰富的创业理论及创业经验的教师团队的正确引导，以保障创新创业人才的培养与各项创新活动的实现。创新创业人才培养应当确保在创业各阶段有专门的教师进行指导，这需要构建专业的师资团队。创新创业教师队伍的构建不仅需要理论教师与实践指导教师，还需要精神指导教师。

理论教师是校园课堂教学体系的主体，通过传授与创新创业相关的基础性、通识性理论知识，为实践提供科学依据与准则，为大学生开展创新创业项目提供顶层设计的帮助。创业理论教学方式并非局限于课堂及书本，它可以是多元化的，可根据高校教学主要内容的实际情况和大学生的专业特点来调整创业教学内容。

大学生创业单纯靠理论与实践指导是不够的，也需要意识发挥能动作用，即创新创业精神。敢为人先的开拓创新精神、坚持不懈的探求精神是创新创业精神的核心。创业开始时需要大学生对未知领域勇敢开拓，这种敢为人先的开拓精神引导和激励着他们不断寻找创新方向，不断保持高度的创造意识。在创业过程中会遇到许多的挫折，这需要大学生拥有坚持不懈的探求精神。精神指导教师可通过设计创业教育课程和筹划有针对性的实践活动，鼓励大学生有意识地塑造自身的创新创业精神与探求精神，紧跟时代发展步伐，成为创新的制造者和实践者。

由此可见，教师团队的构建需要满足大学生在创业各个阶段的需求，不断完善师资力量，为培养新时代创新创业人才保驾护航。

二、构建新型信息化创业基地，加强理论与实践的联系

在高校创新教育改革实践中，ERP（Enterprise Resource Planning，企业资源计划）沙盘模拟课程作为典型实践教学模式，被广泛应用于创新创业教育。基于该课程构建的

新型信息化创新创业基地，依托互联网、大数据及云计算技术，通过全流程模拟企业战略决策、资金运作、生产管理、市场营销等核心环节，实时生成企业经营数据，建立包含项目可行性评估与创业者能力分析的数字化评价体系。该课程通过角色扮演与团队协作，让大学生在虚拟商业环境中体验企业全生命周期管理，有效激发创新创业意识，促进理论与实践深度融合。

大数据技术为创新创业教育提供多维支撑：通过采集学生创业过程中的运营决策、生产管理、市场反馈等全链路数据，借助云计算进行建模分析，既支持个性化教学策略的动态优化，又可对创业成功率进行科学预测。这种数据驱动的教育模式突破传统经验评价，构建起包含决策能力、执行效率、风险应对等维度的评估框架。随着大数据在战略预测与组织评估中的普及应用，教育机构得以建立更精准的创业人才培养机制。

新型信息化创新创业基地的核心价值体现在：整合校企资源构建虚实联动的实训生态，基于动态数据形成持续迭代的教育决策模型，最终推动创新成果转化，培养具有战略视野、实践能力和可持续发展素养的复合型人才。这一模式标志着创新创业教育正从传统经验型向数据智能型演进。

三、培养浓厚的创新创业文化，提高创业积极性

创业文化具有进取性、开放性、创新性及先行性的特点，这些特点对创新创业行为具有正面的影响。创业文化的进取性有助于创业者发现市场变化，率先把握机遇。在创业文化氛围中，创新创业者拥有突破性的创新、创造能力，时刻保持着对创新机遇的高度敏感性，可帮助创新创业者先于他人寻找到创新性想法，并将其转化为实践活动。创业文化的开放性主要体现在人才培养受到各方的大力支持，在高校创业教师团队、信息化创业模拟平台、政企校的优惠政策和资金的帮助下，加速推动大学生创新知识和科技成果的转换。从创新性设想的顶层设计到创新行动的模拟实践，再到创新成果与价值经济转换，整个过程都反映了高校创新创业生态系统内各要素间的开放式互动协同合作。这个过程是创业文化的最深层次，引导着高校创新创业人才的成长。由此可见，高校创新创业人才的成长需要在高校内部构建完整的创业文化，利用创业文化使校园内的创业氛围更加活跃，创业环境更加稳定。创业文化对高校创新创业人才的成长具有积极影响，最终对国家创业型经济的发展有巨大的推动作用。

第四节 一体化视域下的创新创业人才培养

高校要根据人才培养定位和创新创业教育目标要求，促进专业教育与创新创业教育有机融合，调整专业课程设置，挖掘和丰富各类专业课程的创新创业教育资源，在传授专业知识的过程中加强创新创业教育。

一、加强创新创业教学体系建设

（一）促进专业教育与创新创业教育的有机融合

创新创业教育与专业教育在本质上是相通的，在目标上是一致的，二者之间的关系是辩证统一的。其中，专业教育是创新创业教育的基础，而创新创业教育又是专业教育的深化与拓展。实现二者的有机融合，不仅有利于高校强化自身内涵建设，同时也有利于其教育教学质量的提升，从而培养出服务区域经济发展的高素质创新创业人才。

二者的有机融合，首先是教育理念和教育内容的融合，也就是从源头上真正做到二者的有机融合。在大学一年级，高校将创新创业实践与专业基础课融合，在加强大学生专业知识学习的同时，培养大学生创新创业意识，初步建立"通识课程+专业课程+慕课课程"的创新创业课程体系。到大学二、三年级，高校通过组织大学生参加创新创业训练计划项目、中国"互联网+"大学生创新创业大赛、"挑战杯"全国大学生课外学术科技作品竞赛、中国智能制造挑战赛等，推动理论与实践、必修课与选修课相统一，进一步促进二者的有机融合，在实践中不断培育大学生的创新素养与专业技能。到大学四年级，高校通过企业实习、企业参与大学生毕业设计指导等方式，打通学业课程学习与创新创业体验的壁垒，进一步增强大学生的创新创业体验，从而实现大学生专业学习与创新创业学习的有机融合。

以"面向全体、分类施教、结合专业、强化实践"为原则，构建由专业教育和创新创业教育二者相融合的课程体系。加强行业前沿和创新创业类课程建设，进一步融合专业知识，建设立足专业、学研递进、有机衔接的创新创业教育课程群。

（二）推进专业与创新创业教育课程的互通共享

高校应不断升级课程资源的配置方式，突破不同学科的专业壁垒，逐步实现全校课程资源的共享。充分发挥高校课程联盟的共享优势和慕课建设优势，打造一批具有示范作用的创新创业教育共享课程，探索并建立在线课程学习认证和学分认可系统。坚持课程学习与企业实践相结合，通过合作开发课程、合作完成毕业设计等，整合校内外相关资源，不断实现创新创业资源共享。坚持学年制与学分制相结合，加强跨学科融合，最大限度地满足大学生独立学习、选择学习和创新创业的需求，为大学生发展提供更多的时间、空间和机遇。

（三）建构双向驱动的创新创业实践教学体系

高校应以专业实践为基础，推动创新创业实践活动的开展。有效提高专业资源的利用效率，让大学生在掌握相关学科专业知识的同时，自觉将理论知识应用于实践，不断提升其实践的能力与素质，为创新创业人才的培养奠定良好基础。因此，高校可通过专业教育与创新创业教育的双向驱动，进一步优化专业教育的理念、定位，提高教育教学质量，培养出更多创新创业人才。

二、构建有利于创新创业能力系统发展的人才培养体系

（一）构建"课程、竞赛和成果孵化"三位一体的培养体系

高校应着力构建"课程、竞赛和成果孵化"三位一体的培养体系。首先，通过开设面向全体大学生的创新创业课程，拓宽大学生的视野并激发其创新创业兴趣。其次，对具有浓厚创新创业兴趣的大学生进行系统培训，并组织其参与竞赛，以此培养其竞争意识和创新创业精神，为未来的创新创业实践奠定坚实基础。最后，为已取得一定创新成果的大学生提供必要的帮助，以促进其创新创业实践的深入开展和成果的有效孵化。

（二）打造"教、学、做"三位一体的教学平台

高校应结合创新创业人才培养的特点，改革教学方法和手段，重点推行案例教学、实景教学、体验教学和项目导向教学等多元化教学模式，实现"教、学、做"有机统一，

构建"校内与校外联动、教师与技师协同、创新与创业融合"的培养体系，全面提高大学生的综合能力。可引导企业在高校设立专业特色实验班，邀请企业导师参与授课，并建立常态化企业实习机制。改革传统的大学四年级集中实习模式，推行分散式实习制度，使大学生在完成专业知识学习后能够及时开展专业实践。同时，构建多层次创新创业教育实践平台，遵循"兴趣导向，学生主体，过程管理"的原则，创新实验教学模式，深化创新创业教育改革。

（三）建立"政府、企业、高校"三位一体的协同育人机制

"政府、企业、高校"三位一体的协同育人机制是政府、企业、高校在各自不同利益诉求的基础上，寻求共同发展、谋求共同利益的一种组织形式，是一种以共同培养应用型人才为主要目的的创新创业人才培养模式。高校应充分利用自身的师资优势、研发优势、专业优势以及企业的设备优势、资金优势、场地优势、生产优势，将以传授知识为主的高校教育与以直接获取实践经验为主的生产、教学、科研实践有机结合起来，打造适合大学生知识积累与社会发展需要的双向互动平台，构建"政府组织、企业为主、高校参与"的创新创业教育体系和"共同规划、共同建设、共同管理、共享成果、共同培育"的协同育人机制，逐步建立专业科研与产业经济发展相结合、高校与企业共同创新发展的良好机制，实现政、产、学、研合作的良性循环，促进高校专业建设与地方经济发展的有机融合。

三、构建师生一体化的互动评价体系

转变创新创业人才培养模式是一场深层次的教育理念变革。传统的教学模式和评价体系已难以适应新时代创新创业人才培养的新要求。高校在深化教学模式改革的同时，应积极推进与之相适应的评价体系创新，构建科学合理的多元化评价机制。

第一，明确创新创业教育的主体责任，鼓励师生合作开展创新创业活动。高校的教师必须明白，创新创业教育是全校所有教师的共同责任。首先，创新创业教育是专业教育的重要组成部分。因此，专业课教师在开展专业教育时不仅要传授专业知识，还应注重对大学生创新创业素质的培养。其次，创新创业教育是其他课程教育教学必不可少的内容。所有教师必须转变教育观念，开展理论学习与研究，提高自身开展创新创业教育

的意识和能力，进而提高大学生创新创业的意识和能力。最后，建立一支由在校教师和企业家组成的专门的创新创业教育师资队伍。高校应主动聘请企业家校友、风险投资家校友和行业人才，担任创新型企业家培训师或兼职教师；鼓励教师到行业企业挂职，大学生到企业去实习，整合校内外资源，鼓励师生合作开展创新创业活动。

第二，多部门协同制定相关制度，构建创新创业教育的长效机制。高校应多部门协同配合，紧紧围绕创新创业教育的要求建章立制。其一，教务处在人才培养方案中应确定创新创业课程学分，并对参与创新创业训练的大学生进行学分认定，出台弹性学制的学籍管理办法，允许大学生休学创业。其二，学工处、校团委应面向全体大学生，认真做好各类创新创业活动的宣传和大学生创新创业训练计划项目的立项工作，并在加强科技创新类学生社团和课外兴趣小组的建设等的基础上，制定相关扶持奖励制度，在评先评优中给予创新创业学生加分认定。其三，科研处、学科建设办公室要充分发挥高校科协的作用，促使教师鼓励大学生参加科研课题和科技开发项目，积极举办各类创新创业讲坛，做好大学生科技成果的催化、孵化、转化工作，做好大学生专利申请和保护工作。其四，人事处应根据指导教师所指导的大学生在创新创业项目中取得的成果，如发表论著、申请专利、参与各级竞赛并获奖等，在教师职称评定、岗位聘任、评奖评优等方面予以认可，并制定相应的激励政策，以保障高校创新创业教育的有序和有效开展。

四、立足地方经济发展，强化产学研一体化建设

高校应聚焦地方经济社会发展的总需求，充分发挥自身在区域经济社会发展中的优势，更好地服务地方经济社会发展，不断拓展自身的生存和发展空间，推动自身的特色发展、差异性发展和创新性发展。实践证明，高校只有紧密贴合地方经济社会发展的实际需求，建立与地方经济社会发展良性互动的长效机制，才能更好地体现自身的存在价值。因此，高校必须不断优化办学环境，改善办学条件，汇聚优秀人才队伍，做强特色和优势学科，提升科研创新能力，深化产学研一体化建设，大力培养具有创新创业能力的高素质应用型人才，为区域经济社会发展提供强有力的人才支撑，提升自身服务经济社会发展的能力。高校要建设一批重点实验室和工程技术研究中心，培养拔尖人才，产出重大科研成果，提升自主创新和服务创新驱动发展的能力；要创新校企、校研、校校等合作机制，积极拓宽合作领域，持续提升合作层次与水平，努力实现多方共赢。

综上所述，高校在开展创新创业教育时，应结合新时代的发展要求，改革高校创新创业教育管理体制和运行机制，逐步解决创新创业教育与专业教育脱节的问题，构建"教、学、做"三位一体的教育模式与评价体系，推动创新创业教育与专业教育在理念、课程和实践层面的深度融合，构建"政府、企业、高校"协同育人机制，打造"课程、竞赛和成果孵化"一体化平台，优化创新创业人才培养模式，为创新创业人才的培养提供坚实保障，为地方经济发展提供强有力的人力资源支撑。

参 考 文 献

[1]曹望华.高校创新创业教育与人才培养研究[M].北京：北京工业大学出版社，2021.

[2]梅伟惠.高校创业教育的组织模式与运行机制创新研究[M].杭州：浙江大学出版社，2020.

[3]高连宏.高校创新创业教育理论与实践[M].北京：现代出版社，2019.

[4]李常.高校创新创业教育经验借鉴与创新发展[M].北京：北京工业大学出版社，2019.

[5]刘常国，王松涛，宋华杰.高校创新创业优质教育资源建设与实践研究[M].北京：北京工业大学出版社，2020.

[6]任立肖，纪巍.高校创新创业教育质量评价研究[M].天津：天津社会科学院出版社，2021.

[7]王东生.新时代高校创新创业教育路径研究[M].长春：吉林出版集团股份有限公司，2021.

[8]徐恒，钟镇，李朝阳.创新创业政策与教育实践：基于河南省高校的实证研究[M].北京：中国经济出版社，2022.

[9]殷华西.互联网视域下高校创新创业教育研究[M].哈尔滨：东北林业大学出版社，2021.

[10]周冠怡彤，蒋笑阳，刘洋.高校创新创业教育改革与探索[M].北京：九州出版社，2022.

[11]曾绍玮，李应.高校创新创业教育探索与实践研究[M].成都：电子科技大学出版社，2021.

[12]董航."互联网+"创新创业人才培养模式新探[J].辽宁高职学报，2022，24（2）：8-10，89.

[13]耿丽微，赵春辉，张子谦.高校大学生创新能力培养与创业教育研究[M].成都：

电子科技大学出版社，2017.

[14]郭志辉.大学生创新创业教育研究[M].成都：电子科技大学出版社，2016.

[15]侯力红，姬春林.互联网+大学生创新创业教育研究[M].北京：科学技术文献出版社，2017.

[16]焦连志.大学生创新创业教育研究[M].长春：吉林人民出版社，2019.

[17]刘耀东，孟菊香.校企协同培养人才的反思与模式构建[J].中国大学教学，2018（3）：71-74.

[18]刘译阳，边恕.高校创新创业教育存在的问题、原因及对策[J].现代教育管理，2019（9）：32-37.

[19]马君.普通高校创新与创业教育存在的问题与对策[J].中国市场，2017（5）：231-232.

[20]毛薇，谢莉莉.高校创新创业教育实施路径研究：基于"广谱式"视角[J].教育教学论坛，2020（17）：33-34.

[21]潘斌.高校创新创业人才培养模式研究[M].西安：世界图书出版西安有限公司，2018.

[22]裴小倩，严运楼.高校创新创业教育协同机制研究[M].上海：上海交通大学出版社，2018.